公路工程标准规范理解与应用丛书

《公路隧道设计细则》答疑

《公路隧道设计细则》编写组　编

人民交通出版社

内 容 提 要

本书是《公路隧道设计细则》(JTG/T D70—2010)的配套图书，以问答的形式对设计人员在隧道设计中可能会遇到的一些技术问题进行了讲解，为读者提供了更多关于公路隧道设计方面的参考信息。本书各章与《公路隧道设计细则》(JTG/T D70—2010)完全对应，并增加了3个附录，分别收录了隧道勘察、隧道改扩建以及隧道病害整治等相关内容。

本书可供从事公路隧道设计、施工及科研等的技术人员参考。

图书在版编目（CIP）数据

《公路隧道设计细则》答疑/《公路隧道设计细则》编写组编.—北京：人民交通出版社，2010.6
ISBN 978-7-114-08480-5

Ⅰ.①公… Ⅱ.①公… Ⅲ.①公路隧道-隧道工程-设计-问答 Ⅳ.①U459.2-44

中国版本图书馆 CIP 数据核字（2010）第 107637 号

书　　名：《公路隧道设计细则》答疑
著 作 者：《公路隧道设计细则》编写组
责任编辑：李　农
出版发行：人民交通出版社
地　　址：(100011) 北京市朝阳区安定门外外馆斜街 3 号
网　　址：http://www.ccpress.com.cn
销售电话：(010) 59757969，59757973，85285656
总 经 销：人民交通出版社发行部
经　　销：各地新华书店
印　　刷：北京鑫正大印刷有限公司
开　　本：787×960　1/16
印　　张：12.25
字　　数：153 千
版　　次：2010 年 6 月　第 1 版
印　　次：2012 年 2 月　第 2 次印刷
书　　号：ISBN 978-7-114-08480-5
定　　价：32.00 元

《公路隧道设计细则》
编 写 组

廖朝华	郭小红	王华牢	李玉文	李志厚
杨林德	陈晓钜	聂承凯	柯小华	李海清
梁　巍	仇玉良	程　勇	乔春江	褚以惇
曹校勇	唐　颖	袁光宇	田元进	张　涛
李　昕	王万平	杨旦锋	张武祥	杨彦民
丁文其	王　联	林国进	陈贵红	陈树汪
林志良	何以群	姜　杰	韩常领	缪园冰

前　言

由中交第二公路勘察设计研究院有限公司为主编单位，中交第一公路勘察设计研究院有限公司等6家单位为参编单位，负责编制的公路工程行业推荐性标准《公路隧道设计细则》(JTG/T D70—2010)(以下简称《细则》)已由交通运输部发布，将于2010年7月1日实施。《细则》是对《公路隧道设计规范》(JTG D70—2004)的细化与补充，内容全面，可操作性强，但受自身标准性质的局限，隧道技术人员在使用过程中仍然可能会存在或多或少的疑问。

在中交第二公路勘察设计研究院有限公司及各参编单位的大力支持与配合下，《公路隧道设计细则》编写组编写了《〈公路隧道设计细则〉答疑》一书。本书依托《细则》，以问答的形式对技术人员在隧道设计中可能会遇到的一些技术问题进行了讲解，为《细则》的使用者提供了更多关于公路隧道设计方面的参考信息，并且收录了隧道勘察、隧道改扩建以及公路隧道病害整治等相关内容，有助于广大设计、施工及科研等技术人员更好地理解《公路隧道设计规范》(JTG D70—2004)及《公路隧道设计细则》(JTG/T D70—2010)的条文及编写背景，从而正确地运用相关规范解决实际工程问题。

为方便读者对照《细则》阅读，本书各章与《细则》完全对应。

本书内容仅供读者参考，如有与《公路隧道设计规范》(JTG D70—2004)及《公路隧道设计细则》(JTG/T D70—2010)不一致之处，以规范及细则为准。

由于时间紧迫，书中难免存在不足之处甚至谬误，敬请广大读者批评指正。

《公路隧道设计细则》编写组

2010年5月18日

目　录

1 总 则

问题 1-1

[1.0.2]本条规定“本细则适用于采用钻爆法施工的各级山岭公路隧道。对于采用盾构法或沉管法施工的公路隧道,其平纵面设计标准、建筑限界及结构设计原则等可参照执行。”如何理解《细则》的适用范围?

回答

山岭公路隧道一般采用钻爆法修建,也有少部分山岭隧道采用掘进机法施工,而穿越土层及江河湖泊地段的公路隧道也有采用盾构法施工或沉管法施工的。采用不同施工方法建设的公路隧道,在设计方法上差异较大,但是仍具有较多的相同或相似之处,如平纵面设计标准、建筑限界、结构设计原则以及运营管理系统等,因此采用其他方法修建的公路隧道仍可参照本细则,但应充分考虑各自的特殊性。

问题 1-2

[1.0.6]本条规定“地质条件或衬砌结构特别复杂的隧道、周边环境对隧道变形破坏较为敏感的隧道,宜设置衬砌结构健康监测系统”。具体在什么情况下需要设置隧道衬砌结构健康监测系统?

回答

隧道衬砌结构健康监测主要针对 IV～VI 级围岩地段、浅埋偏压地段、高地应力软岩大变形地段、特殊地质地段以及特殊支护结构地段。当隧道符合以下条件时，建议设置衬砌结构健康监测系统：

(1)特长大跨度隧道、中长及中长以上特大跨度隧道。

(2)高地应力、膨胀性围岩、抗水压力衬砌等特殊地段累计长度超过500m的地段。

(3)从水库底下穿越或以浅埋方式穿越敏感建筑物地段等。

2 术语、符号

对本章内容,未提出问题。

3 隧道控制要素

问题 3-1

[3.0.1]对隧道按长度进行分级时，为何提出对长度大于 6km 和小于 100m 的隧道应引起特别重视？

回答

(1)基于目前汽车技术与防灾救援技术，长度大于 6km 的公路隧道一般需要设置通风斜井或竖井，隧道防灾救援问题突出，运营管理系统复杂，因此设计施工难度较大。随着我国经济建设的发展，高等级公路向西部山区不断延伸，长度大于 6km 的公路隧道越来越多。据不完全统计，目前我国已建及在建的长度大于 10km 的公路隧道就有 6 座。因此，可将长度大于 6km 的隧道独立划分出来，此举具有较为重要的现实意义。

(2)随着我国在工程建设过程中环境保护意识的增强，为减少对自然山体的开挖破坏，长度小于 100m 的隧道大量出现。由于隧道较短，因此其平纵标准可相对一般隧道更灵活一些，一般也不必按隧道要求设置照明系统，同时为了保证行车的舒适性，一般建成与路基同宽。故也可将其单独划分出来，以便勘察设计过程中更好地把握。

问题 3-2

根据其所处道路等级，公路隧道如何进行等级划分？

回答

公路隧道根据其所处道路等级按表 3-1 所示划分为五级。

不同等级的隧道，其结构使用安全等级不同，勘察设计要求也有差异。

公路隧道等级划分　　表 3-1

隧道等级		备注
高等级公路隧道	高速公路隧道	一般为并行双洞
	一级公路隧道	
低等级公路隧道	二级公路隧道	一般为单洞
	三级公路隧道	
	四级公路隧道	

4　隧道总体设计

问题 4-1

[4.1.2]如何树立全寿命周期成本的设计新理念?

回答

树立全寿命周期成本的设计新理念,就是把公路放到环境和社会两大系统中,从项目生命周期的全过程去看待成本,不但考虑项目初期成本,还要考虑后期维修和养护成本,还要看社会和环境成本。隧道尤其是长隧道往往造价较高,后期运营费用也较大。然而,隧道本身具有很好的环保意义和价值,它利用地下空间构筑交通线,不造成人工边坡,保护了植被,避免了水土流失,是实现公路可持续发展的重要保证。因此,应坚持科学合理的经济设计理念,在确保安全、功能的前提下,通过提高技术含量,合理、灵活地采取设计措施,达到最佳的社会经济效益。

问题 4-2

[4.1]隧道设计在各阶段分别应满足哪些要求?

回答

各阶段的隧道设计应满足以下要求:

(1)工程可行性研究阶段应结合路线走廊带的选择,对规划走廊带内可能的隧道方案进行规划和概略设计,确定修建隧道的可行性与必要性、建设规模与技术标准，选择可行的隧址区域。

山区公路地形狭窄，地质条件复杂，土地资源宝贵，生态环境脆弱，工程可行性研究阶段应把路线走廊带与隧址作为不可再生资源，统筹规划，合理布局。

(2)初步设计阶段是在工程可行性研究阶段已经确定的技术标准的前提下，结合路线方案，通过论证、比选，确定隧道设计原则和设计方案，控制工程投资。

①中、短隧道方案比选原则上服从路线布设的要求，可根据地形条件对连拱隧道与小净距隧道方案进行比较；对于中心挖深大于 25m 的路堑，需进行路隧方案比较；对短隧道群，需进行整体式路基连拱隧道方案与分离式路基小净距隧道方案的比选。

②长、特长隧道在基本符合路线总体走向的前提下，应由隧道控制局部线位。对各可行的方案从隧址的区域自然建设条件、建设规模、施工条件和运营管理技术难度和成本等方面进行系统的论证和分析。在方案比选中，应综合考虑不同隧址的隧道施工总体方案、施工安排和施工工期等对整个工程投资的影响。

③对于技术复杂的超长隧道，可增加技术设计阶段，以加深隧道地质勘察及工程方案分析研究，解决建设过程中的重大技术问题。

(3)施工图设计阶段是对初步设计阶段已经确定的隧道洞口位置和施工方案进行深入细致的设计，结合详勘阶段的地质工作，进一步优化隧道路线方案和隧道洞口位置，完善隧道施工方案和施工安全预案。

? 问题 4-3

[4.3.3]确定隧道纵坡时，需要考虑哪些因素？

回答

隧道纵坡应综合考虑行车舒适性、工程造价以及后期运营、维修等费用。隧道纵坡也会影响照明、通风和空气质量。

隧道最小纵坡值应以隧道投入运营后的边沟、中心水沟水自然流出为条件确定，最低不小于0.3%。但考虑到工程现场高低不平，为使排水更顺畅，隧道纵坡值以不小于0.5%为宜。

隧道最大纵坡值应以隧道的使用功能（通行汽车）为依据，从设计速度（爬坡时行驶速度不能降低太多）、地质条件（尽量将隧道置于稳定地层中）、通风（尽可能减少废气量）、交通事故率、火灾时救援、两洞口高差及两端接线、工程投资等因素综合考虑。一般情况下，当为长下坡且坡度较大时，容易发生交通事故，同时考虑到特长、长大隧道的通风量一般与隧道纵坡的平方级数成正比，因此从洞内卫生条件分析，特长、长大隧道最大纵坡最好控制在2%以下。根据国外试验和实测，纵坡超过3%时柴油车的烟尘排放将急剧上升。中、短隧道由于车辆单向行驶产生的活塞风和自然风足以稀释隧道内的有害气体和烟雾，一般不需要机械通风，因此，中、短隧道最大纵坡可以适当放宽，一般控制在3%以下。

近年来，在西部重丘区公路建设中，由于受地形、地貌限制，采用不大于3%的隧道纵坡，布线较为困难，同时意味着设计布线时必须增加隧道的长度来满足纵坡的要求。因此，高速公路、一级公路的中、短隧道在条件受限制时，经技术经济论证和环境影响评价后，隧道纵坡根据交通功能和车型组成可以适当加大，但最大不应大于5%。

? 问题4-4

[4.3.6]分左、右幅设置的分离式隧道，在分线（或合线）处理时，对小净距或连拱隧道，受地形条件限制，宽度变化不大于1m时，其中间带宽度如何过渡？

回答

中间带宽度的过渡方法如图4-1所示。

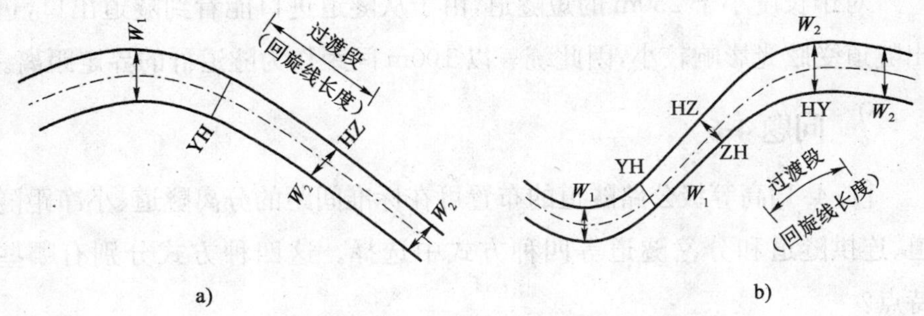

图 4-1 中间带宽度的过渡方法

a)曲线与直线过渡;b)曲线与曲线过渡

W_1、W_2-中间带宽度

问题 4-5

[4.3.7]何谓隧道群?确定隧道群的主要因素是什么?

回答

隧道群是指受地形限制,相邻隧道洞口纵向间距很短而又不宜连成一个整体的两座或多座隧道。

确定隧道群的因素主要取决于汽车驾驶员对眩光的感受。汽车行经隧道进出洞口时,不论洞内有无照明设备,驾驶员总会受到眩光影响。一般情况下,从明到暗进隧道缓解时间约需 3～4s,从暗到明出隧道缓解时间约需 1～2s。当两相邻隧道洞口间距所需行驶时间小于缓解时间 5s 时,驾驶员尚未处于明线行车状态。根据调查,驾驶员受眩光影响的缓解时间与驾驶员的注意力集中程度密切相关:当隧道设计速度不高于 60km/h 时,以 12s 设计行程作为隧道群的界定距离;当隧道设计速度高于 60km/h 时,以 9s 设计速度行程作为隧道群的界定距离,这也与隧道群相邻洞口间一定范围应保持平纵面线形一致,即与“本隧道洞内 3s 行程+两隧道间路基 3s 行程+下一隧道洞内 3s 行程”范围内平纵面线形应均衡相吻合。

对于长度小于250m的短隧道，由于从隧道进口能看到隧道出口，进出隧道受眩光影响较小，因此统一以100m间距作为隧道群的界定距离。

问题 4-6

[4.4.1]高等级公路隧道的布置可在标准间距的分离隧道、小净距隧道、连拱隧道和分岔隧道等四种方式中选择。这四种方式分别有哪些特点？

回答

低等级公路由于一般仅2～3个行车道，因此隧道一般上下行合建为单洞；而高等级公路车道数较多，且一般要求上下行分离，因此隧道布置形式较多。

(1)标准间距的分离隧道是指两洞室净距大于表4-1的规定，在设计施工过程中可以基本不考虑两洞室之间相互影响的一种隧道布置方式，如图4-2所示。

分离式独立双洞隧道间的最小净距　　表4-1

围岩级别	I	II	III	IV	V	VI
最小净距(m)	$1.0\times B$	$1.5\times B$	$2.0\times B$	$2.5\times B$	$3.5\times B$	$4.0\times B$

注：表中 B 代表隧道开挖跨度。

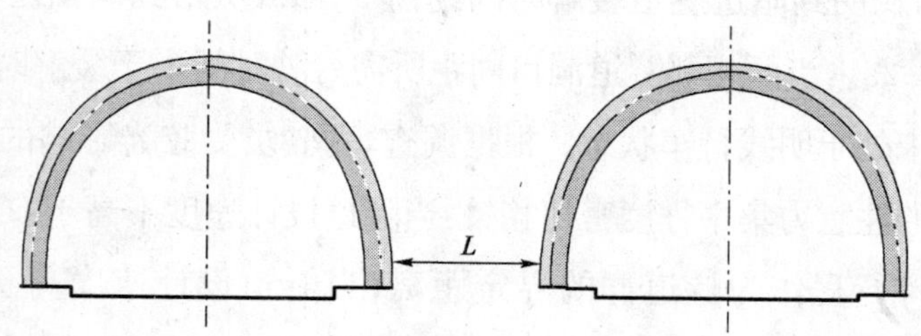

图4-2　标准间距的分离隧道示意图

注：$L\geqslant$规范规定的最小净距。

(2)小净距隧道是指两洞室净距小于表4-1中建议值，在设计和施工过程中需采取特殊措施的一种隧道布置方式，如图4-3所示。小净距隧道一般用于洞口地形狭窄或有特殊要求的中、短隧道，也可用于长或特长隧道洞口局部地段，宜选择在围岩完整，且其自承、自稳能力较好的地段。

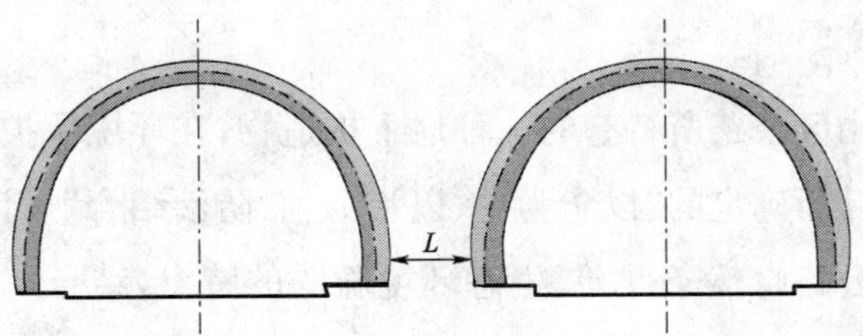

图 4-3 小净距隧道示意图

注：L<规范规定的最小净距。

(3)连拱隧道是指两洞室无中夹岩柱，两洞结构共用中隔墙的一种隧道布置方式，如图 4-4 所示。连拱隧道适用于洞口地形狭窄，或对两洞间距有特殊要求的中、短隧道。

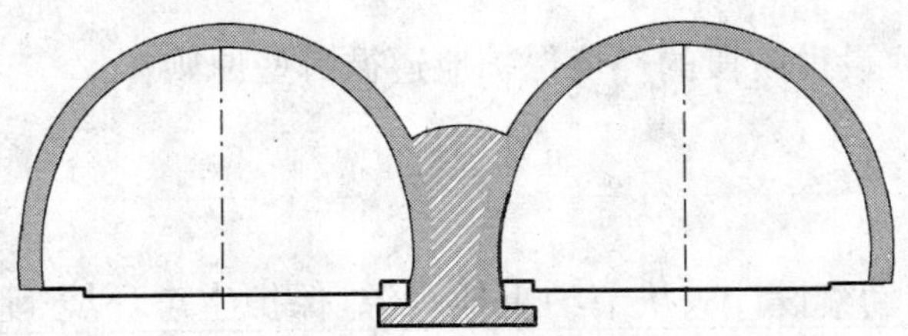

图 4-4 连拱隧道示意图

(4)分岔隧道是指在两洞室外设置大拱衬砌段以适应两洞室净距不断变化的一种特殊隧道，如图 4-5 所示。分岔隧道基本涵盖了上述三种隧道的衬砌结构形式，隧道洞口段由整体式路基(隧道)逐渐过渡为分离式隧道，隧道断面逐渐从洞口大拱衬砌段、整体式中隔墙连拱衬砌段、夹心式中隔墙连拱衬砌段、小净距衬砌段过渡到普通分离式衬砌段。

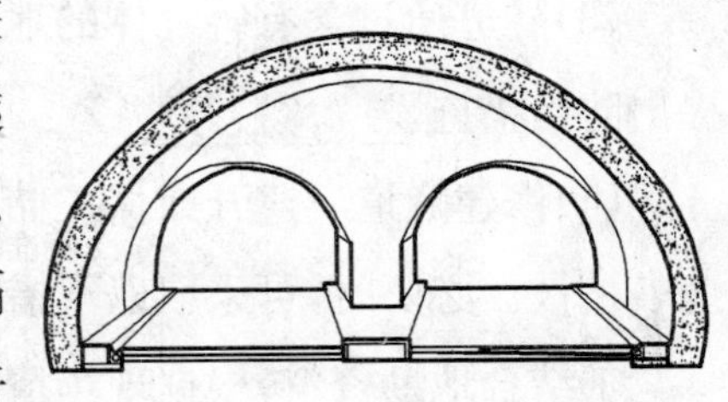

图 4-5 分岔隧道示意图

问题 4-7

隧道设计在环境保护方面有哪些基本规定？

回答

隧道是山区公路所特有的一种地下构造物，在环境保护方面除遵循一般公路设计所确定的“以防为主、以治为辅、防治结合”设计原则外，还应针对山区公路自然条件差、生态环境脆弱的特点，结合地质、水文、气象、地震等情况，考虑施工和运营环境，对隧道总体设计进行多方面的论证，以主动的姿态保护区域自然环境，追求人与自然的和谐。

设计过程中应全面考虑隧道在施工期和运营期对其所处区域的生态环境、空气环境和噪声环境等方面的影响。

问题 4-8

隧道勘察设计阶段的环境保护应遵循哪些原则？

回答

(1)隧道勘察设计应从节约土地资源、保护生态环境、坚持可持续发展出发，考虑工程建设全寿命周期成本，对隧道方案进行综合比选。

(2)隧道位置的选择要综合考虑接线设计、洞内外排水系统、弃渣处理、施工和运营管理等，并提出必要的环境保护措施。

(3)隧道通过含有害气体的地层时，应预测其对施工、运营的影响，并提出防治措施。

(4)修建隧道应避开或保护储水结构层和蓄水层，保护地下水径流和地表植被。必要时，可采取以下措施：

①结合地勘资料，根据现场情况，施工前对地表水应预先采取拦堵截流、注浆防漏等措施。

②在地质较好、地形有利位置宜设置蓄水池，将无污染水直接引流至用户。

③在易引起地表水漏失、导致地层下陷的土质条件下或浅埋隧道的开挖地段，应采取地表或洞内预加固措施。

④在对地下水排放有特殊要求的地段，隧道防排水系统应设计为限排甚至是全封闭系统。

(5)加强隧道洞口的景观和绿化设计。遵循"早进晚出"的原则，合理确定洞门位置，尽量适应地形和地质条件，避免高填深挖，选用适当的边仰坡坡率与高度，对地震区应严格控制洞门仰坡开挖高度，以保证施工和正常运营，尽量使洞门建筑融于自然环境之中。对隧道洞口进行适当绿化，实现洞内外光线的均衡过渡，并可取得防烟、防尘、净化空气等环保效果。

(6)查明隧址区的名胜古迹、风景区、温泉区、疗养区、自然保护区等的范围，尽量减小隧道开挖对环境的影响。必要时，应征求当地有关部门的意见，提供保护环境的防治措施。

(7)加强隧道建设中的料场管理。隧道采石场应远离隧址布设，集中取料，对料场四周进行适当的坡面处治，防止水土流失。

(8)在环境比较敏感的地段，可考虑在隧道内设置静电除尘装置，避免烟尘扩散到洞外。

(9)在对噪声污染比较敏感的地段，可设置公路防噪声屏障，对洞内噪声较大的设备应采用静音或消音技术，隧道内壁装修可采用吸音材料。

(10)对隧道的日常清洗污水和隧道内发生火灾或污染物泄漏事故后的消防清洗污水应设计净化处理设施，无害化后再排放到自然环境中去。

? 问题 4-9

隧道弃渣处治设计应遵循哪些原则?

回答

双车道隧道每公里开挖产生的洞渣通常接近10万～12万m^3,三车道隧道每公里开挖产生的洞渣通常接近15万～20万m^3,除部分洞渣被路线填方合理利用外,大部分需废弃。由于隧道弃渣通常为各种岩石碎块或风化岩类与泥土的混合物,无法当作可耕植土利用,如果随意倾倒会侵占耕地、堵塞河道引起洪水泛滥和引发新的水土流失现象。因此,隧道弃渣处治设计应遵循以下原则:

(1)优化路线平纵面线形,应尽量做到填挖基本平衡,减少隧道废渣数量。隧道废渣一方面可作为路基填方加以利用;另一方面隧道废渣中的硬质岩石经破碎后,可用作路基或路面材料。当隧道废渣无法利用时,应尽量利用施工便道运至指定地点弃渣。

(2)合理选择弃渣场,在指定地点集中倾倒隧道废渣。弃渣场宜选择荒坡地、凹地,不侵占耕地、河道、沟谷,且不改变弃渣场原有地形、地貌和水文地质状况,以防止破坏耕地、地表植被和阻断地表径流;弃渣体积不得超出弃渣场的设计容量,超出时应另外选择弃渣场。

(3)为防止雨水冲刷造成水土流失,应加强弃渣场排水设计。弃渣场形状应适应地形,自然灵活。当利用荒坡弃渣时,弃渣后形成的高填方边坡的坡度不应大于1∶1.5,并且应设置坡脚挡土墙,以防地表径流冲刷和减少弃渣场占地面积;弃渣后形成的高填方边坡应进行表面防护,如表面植被等。利用凹地弃渣后形成的坡面应与周围地形协调一致,并进行植被或回填复耕处理。

5 隧道建筑限界与净空断面

问题 5-1

[5.1.4]检修道或人行道的主要功能有哪些?

回答

检修道或人行道的主要功能为:

(1)养护人员可以在与交通互不干扰的情况下处理紧急事件或进行例行检修。

(2)检修道或人行道的路缘石可以阻止车辆爬上步道,是步行者的安全限界;同时,是保护隧道设备的安全限界。

(3)从交通管理和安全行走的观点出发,检修道或人行道的路缘石可作为驾驶员的行驶方向线。由于路缘石比较突出,它比车道边线更能吸引驾驶员的注意力。

(4)检修道或人行道除安全功能外,其下部空间还常被用来安装管道、缆线等。

问题 5-2

[5.1.7]对于六车道及其以上且长度大于 500m 的公路隧道,为什么其横断面不宜设计为与路基同宽?

回答

隧道横断面宽度设计为与路基同宽,可提高行车舒适性和减少交通事故。但对于六车道及其以上且长度大于 500m 的公路隧道,工程造价增加较多,故不宜采用。

问题 5-3

[5.1]关于紧急停车带及横通道建筑限界的具体规定有哪些?

回答

(1)紧急停车带建筑限界的宽度包含右侧侧向宽度应不小于 3.5m,长度应不小于 40m,其中有效长度不得小于 30m。紧急停车带的路面横坡可取 0.5%～1.0%。紧急停车带建筑限界的构成如图 5-1,具体尺寸按《细则》第 5.1 节有关规定执行。

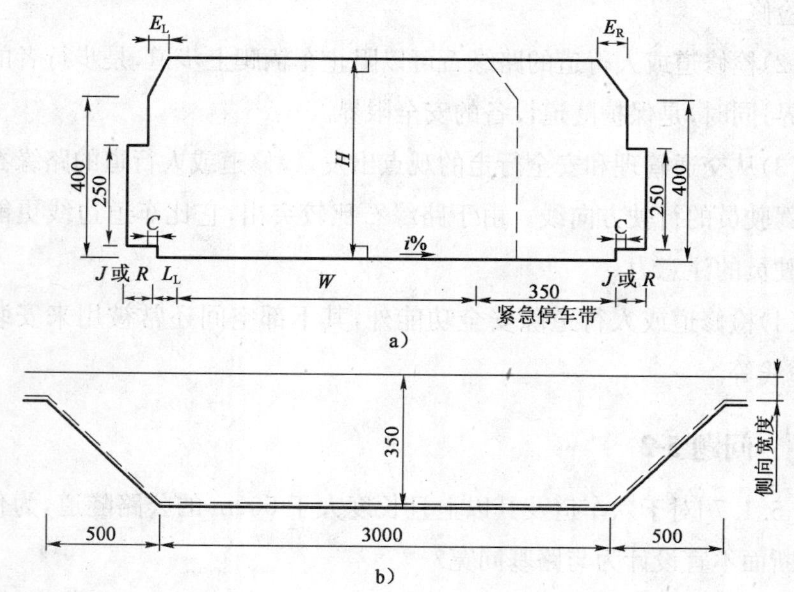

图 5-1 紧急停车带的建筑限界、宽度和长度(尺寸单位:cm)
a)宽度构成及建筑限界;b)长度

(2)上、下行分离的双洞公路隧道之间应设置满足人行或车辆绕行的横向通道,横通道的断面建筑限界一般规定如图 5-2 所示。行车横通道路面两侧路缘石高度一般与行车隧道检修道或人行道高度相同。

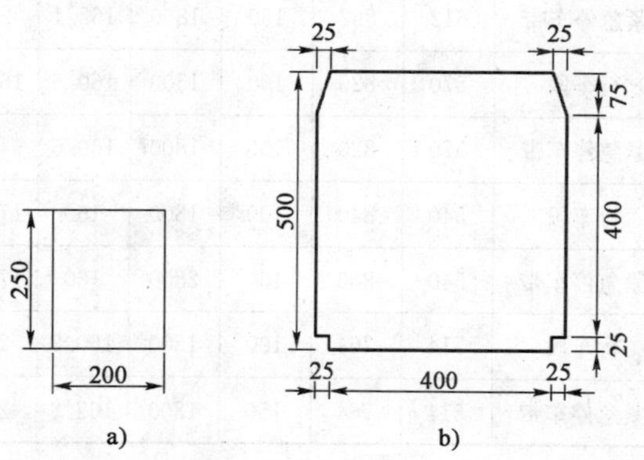

图 5-2 横通道的建筑限界(尺寸单位:cm)
a)人行横通道;b)车行横通道

(3)人行横通道及车行横通道底面横坡可设计为水平,但此时必须设置满足排水要求的纵坡。

问题 5-4

[5.2]在工程实践中,推荐采用何种隧道内轮廓断面形式?

回答

公路隧道内轮廓设计宜统一标准,既有利于洞内设施的布置,又有利于施工时衬砌模板的制作。根据工程实践和内力分析,推荐隧道内轮廓断面形式采用拱部为单心半圆,侧墙为大半径圆弧,仰拱与侧墙间用小半径圆弧连接。

根据各设计速度相应的建筑限界,高速公路和一级公路双车道隧道的内轮廓断面尺寸可参考表 5-1。根据表 5-1 所绘图例如图 5-3～图 5-6 所示。三车道隧道可参考该办法计算出内轮廓断面几何尺寸。

双车道隧道内轮廓几何尺寸建议值(cm) 表 5-1

公路等级	设计速度(km/h)		R_1	R_2	R_3	R_4	H_1	H_2	H_2'	R_5
高速公路 一级公路	120	行车段	612	862	100	1500	160.4	200	144	—
		紧急停车带	612	862	150	1800	162.1	200	136	771
	100	行车段	570	820	100	1500	160.6	164.5	164.5	—
		紧急停车带	570	820	150	1800	160.6	—	103.9	747
	80	行车段	540	840	100	1800	160	177.6	177.6	—
		紧急停车带	540	840	100	2800	160	176.1	176.1	830
	60	行车段	514	764	100	1500	160.2	200	188.4	—
		紧急停车带	514	764	150	1800	162.3	200	184.1	708.5

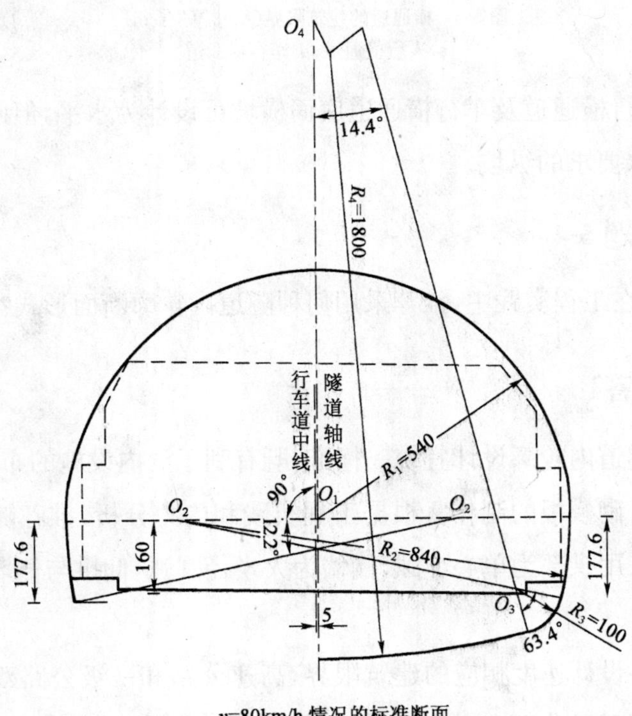

v=80km/h 情况的标准断面

图 5-3 双车道隧道内轮廓断面几何尺寸计算图例之一(尺寸单位:cm)

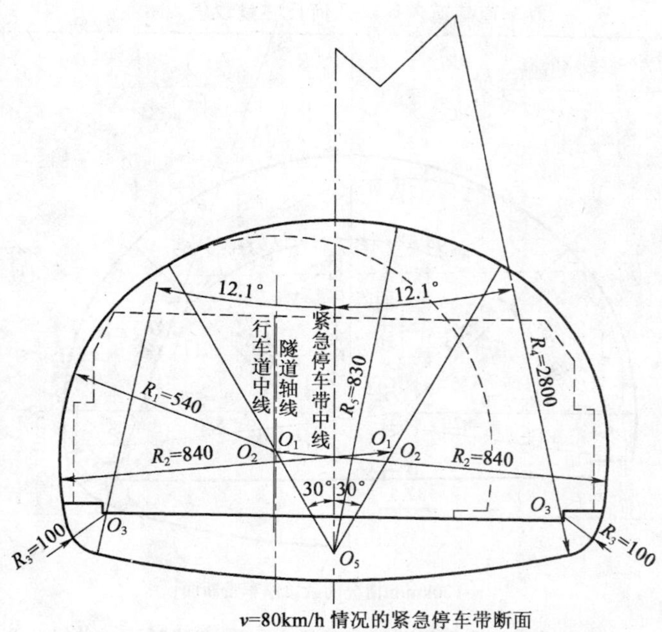

v=80km/h 情况的紧急停车带断面

图 5-4 双车道隧道内轮廓断面几何尺寸计算图例之二(尺寸单位:cm)

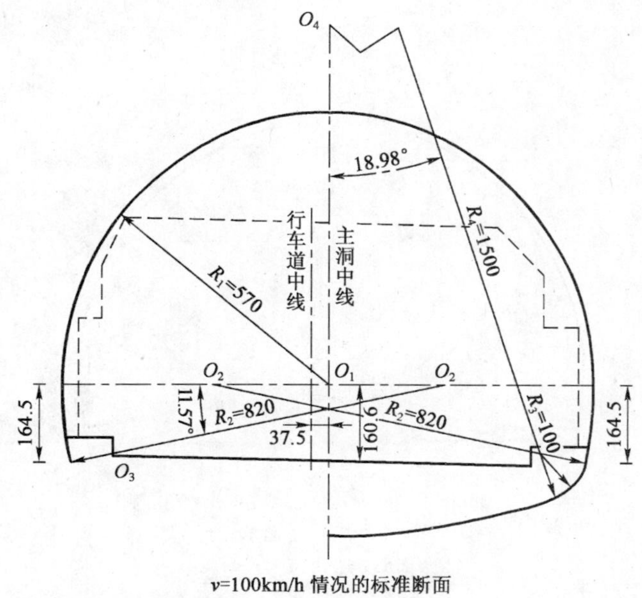

v=100km/h 情况的标准断面

图 5-5 双车道隧道内轮廓断面几何尺寸计算图例之三(尺寸单位:cm)

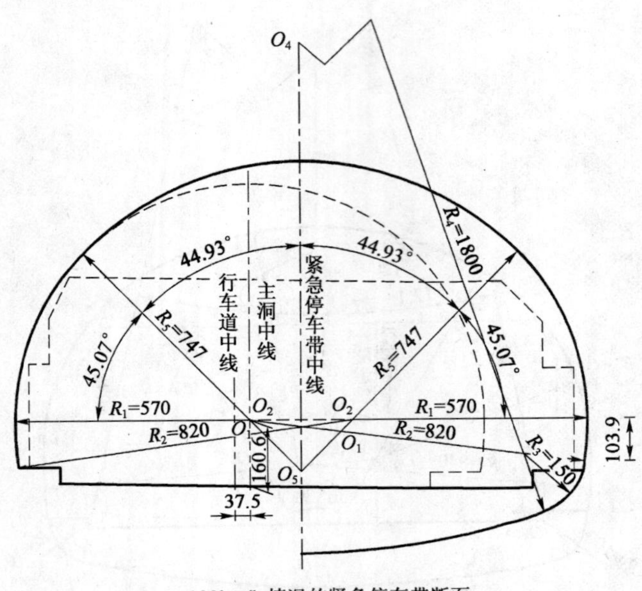

v=100km/h 情况的紧急停车带断面

图 5-6　双车道隧道内轮廓断面几何尺寸计算图例之四(尺寸单位:cm)

6 隧道围岩分级及其物理力学参数

问题 6-1

[6.1.1]为何要对隧道围岩进行亚级划分?

回答

一般将隧道周边 2～3 倍开挖跨度范围内的岩体或土体称为围岩。公路隧道围岩分为六个基本级别，其中 III 级围岩分为两个亚级，IV 级围岩分为三个亚级，V 级围岩分为两个亚级。

一般情况下，III、IV、V 级围岩合计占隧道总长的 90%以上，最为常见，且同级围岩的岩性差异较大。在隧道设计施工中，若不针对亚级进行施工方法、支护结构参数、预加固参数的差异化处理，将造成较大的浪费。目前，很多设计单位已根据实际条件对 III、IV、V 级围岩进行了亚级划分。但是，由于各设计单位对围岩亚级的划分方法和采用的指标体系各不相同，因此容易造成混乱，而且缺乏可比性。《细则》确定了统一的围岩亚级划分方法，更有利于隧道技术发展与技术交流。

问题 6-2

[6.1.2]对于隧道围岩，何谓定性分级方法、定量分级方法?

回答

定性分级方法：将围岩分级指标体系中的每个指标根据定性特征或

定量值分别进行排序，将各个指标的不同排序进行组合获得一个组合次序，根据这个组合次序确定围岩级别的方法。

定量分级方法：将围岩分级指标体系中的每个指标定量值通过和、差、积、商等方法进行运算获得一个计算值，根据这一计算值确定围岩级别的方法。

？问题 6-3

［6.2.4］《细则》表 6.2.4 中，“结合程度”如何确定？“结构类型”如何划分？

回答

围岩主要结构面的结合程度可按表 6-1 确定。

主要结构面结合程度确定方法 表 6-1

结合程度	定性判定
好	张开度小于 1mm，无充填物； 张开度 1～3mm，为硅质或铁质胶结； 张开度大于 3mm，结构面粗糙，为硅质胶结
一般	张开度 1～3mm，为钙质或泥质胶结； 张开度大于 3mm，结构面粗糙，为铁质或钙质胶结
差	张开度 1～3mm，结构面平直，为钙质或泥质胶结； 张开度大于 3mm，多为泥质、钙质胶结或充填岩屑
很差	泥质充填或泥夹岩屑充填，充填物厚度大于起伏差

块状岩体的结构类型按表 6-2 确定，层状岩体的结构类型按表 6-3 确定。

块状岩体结构类型 表 6-2

结构类型	状态	结构面特征			
		间距	性质	张开程度	充填情况
整体结构	巨块状	多数＞1.0m	多为原生型或构造型	多密闭，延展不长	
块体结构	大块状	多数＞0.4m	构造型为主	多密闭，部分微张	少有充填

续上表

结构类型	状　态	结构面特征			
		间距	性质	张开程度	充填情况
镶嵌结构	块(石)状	多数<0.4m	以构造型或风化型为主	大部分微张,部分张开	部分为黏性土充填
碎裂结构	碎石状	多数<0.2m	以风化型或构造型为主	微张或张开	部分为黏性土充填
散体结构	角砾碎石状或泥沙角砾状				

层状岩体结构类型 表 6-3

结 构 类 型	层厚(m)	结 构 类 型	层厚(m)
巨厚层	>1.0	中厚层	0.1～0.5
厚层	0.5～1.0	薄层	<0.1

问题 6-4

[6.3.8]围岩级别和围岩稳定性有何关系?

回答

围岩级别是评判围岩稳定性的尺度,围岩级别越高的隧道在无支护条件下的稳定性(即自稳能力)越好,反之亦然。可以将隧道开挖的实际自稳能力作为检验原来围岩等级划分正确与否的标志。

问题 6-5

[6.4]各类岩土体的地基承载力如何选用?

回答

各类岩土体的地基承载力可按表 6-4～表 6-7 选用。

岩石的容许承载力[$\boldsymbol{\sigma}$](kPa)　　表 6-4

岩石名称	节理发育程度		
	节理不发育	节理发育	节理很发育
坚硬岩、较坚硬岩	＞3000	3000～2000	2000～1500
较软岩	3000～1500	1500～1000	1000～800
软岩	1200～1000	1000～800	800～500
极软岩	500～400	400～300	300～200

一般黏性土的容许承载力[$\boldsymbol{\sigma}$](kPa)　　表 6-5

孔隙比 e	液性指数 I_L												
	0	0.1	0.2	0.3	0.4	0.5	0.6	0.7	0.8	0.9	1.0	1.1	1.2
0.5	450	440	430	420	400	380	350	310	270	240	220	—	—
0.6	420	410	400	380	360	340	310	280	250	220	200	180	—
0.7	400	370	350	330	310	290	270	240	220	190	170	160	150
0.8	380	330	300	280	260	240	230	210	180	160	150	140	130
0.9	320	280	260	240	220	210	190	180	160	140	130	120	100
1.0	250	230	220	210	190	170	160	150	140	120	110	—	—
1.1	—	—	160	150	140	130	120	110	100	90	—	—	—

砂土的容许承载力[$\boldsymbol{\sigma}$](kPa)　　表 6-6

土名	湿度	密实程度		
		密实	中密	松散
砾砂、粗砂	与湿度无关	550	400	200
中砂	与湿度无关	450	350	150
细砂	水上	350	250	100
	水下	300	200	—
粉砂	水上	300	200	—
	水下	200	100	—

碎石土的容许承载力[σ](kPa)　　表 6-7

土　名	密实程度			
	密实	中密	稍密	松散
卵石	1200～1000	1000～650	650～500	500～300
碎石	1000～800	800～550	550～400	400～200
圆砾	800～600	600～400	400～300	300～200
角砾	700～500	500～400	400～300	300～200

7 隧道建筑材料及其物理力学参数

问题 7-1

[7.2.3]水泥砂浆如何分类？其强度增长有何规律？

回答

水泥砂浆按其用途不同可分为砌筑砂浆和抹面砂浆两类。砌筑砂浆应能把块体材料黏结为整体结构，因此砂浆应满足砌体强度和耐久性的要求；抹面砂浆主要是用于结构表面的装饰，因此抹面砂浆对强度要求不是太高，对保水性和黏附性要求比较高。

水泥砂浆的强度等级采用边长 70mm 的标准立方体试件 28d 抗压强度(MPa)表示。抗压强度取 3 块试件平均值。水泥砂浆强度增长与龄期的关系见表 7-1。

各龄期水泥砂浆强度增长关系　　表 7-1

龄期(d)	3	7	14	28	60	90
相对强度(%)	25	50	75	100	120	130

注：1. 以 28d 砂浆强度为 100%。

2. 在低温下，砂浆强度比在正常温度(15～20℃)时降低的百分率大致如下：1～4℃时，降低 40%；5～10℃时，降低 20%；10～14℃时，降低 10%。

问题 7-2

[7.3.2]混凝土立方体抗压强度标准值如何确定？

回答

混凝土强度等级应按立方体抗压强度标准值确定。立方体抗压强度标准值系指按照标准方法制作养护的边长为150mm的立方体试件，在28d龄期用标准试验方法测得的具有95%保证率的抗压强度。

问题7-3

[7.3]隧道工程中常用的混凝土外加剂有哪几类？

回答

为了改善混凝土的物理力学性能，可在混凝土拌和过程中掺入减水剂、缓凝剂、防冻剂、速凝剂等多种外加剂。一般外加剂质量宜控制在水泥质量的5%左右。

隧道工程中常用的混凝土外加剂种类及功能：

(1)减水剂：一种表面活性剂，在混凝土中掺入，可减少混凝土的用水量，降低水灰比，改善混凝土和易性，有利于泵送、滑模、喷射等混凝土工艺的施工；在保持坍落度不变的情况下，可增加混凝土的强度；在保持混凝土抗压强度及和易性基本相同的情况下，可节约水泥，对抗渗、抗冻等各项性能均有所改善。

(2)缓凝剂：可延缓混凝土凝结时间，对混凝土后期强度发展无不利影响，兼有缓凝和早强的作用，适用于炎热气候条件下施工和较长时间停放或长距离运输的混凝土。

(3)防冻剂：在规定的温度下能显著降低混凝土的冰点，使混凝土液相不冻结或仅部分冻结，并在一定时间内获得预期强度。

(4)速凝剂：主要用于冬季滑模施工及喷射混凝土等需要速凝的混凝土工程，也可用于抢修堵漏工程。

? 问题 7-4

[7.5.1]本条对隧道注浆工程中采用的注浆材料提出了 10 条要求，在实际工作中需要注意什么？

回答

实际上一种注浆材料同时满足本条所有要求是比较困难的，现有的注浆材料都或多或少地存在着这样或那样的缺点。因此，一种浆液只要符合其中的几项要求即可。在施工中根据具体情况和要求，选择最合适的一种或几种浆液配合使用，以达到预期的效果。

? 问题 7-5

[7.5.2]如何根据隧道地质条件、施工条件和使用目的选用各类注浆材料？

回答

注浆材料可参考表 7-2 选用。

注浆材料选用方法 表 7-2

地质、工程条件		堵水和防渗
岩层	裂隙	水泥浆液 水泥—水玻璃浆液
	孔隙	铬木素、硫木素、丙烯酸盐、聚氨酯、脲醛树脂
松散砂层		水玻璃、微细水泥浆液
特殊地层		骨料＋水泥浆 骨料＋水泥—水玻璃浆液 骨料＋水泥黏土浆液
隧道衬砌体		水泥浆、水泥砂浆、环氧树脂
衬砌背后	岩石体	水泥浆、水泥砂浆、水泥—水玻璃浆液
	砂层	铬木素、硫木素、丙烯酸盐、聚氨酯、脲醛树脂

问题 7-6

[7.5]各类常用注浆材料分别有哪些特点?

回答

隧道注浆工程中常用的注浆材料有水泥浆液、超细水泥浆液、水泥—水玻璃浆液、水溶性聚氨酯浆液及丙烯酸盐浆液等。

(1)隧道注浆工程中最常用的单液水泥浆是普通硅酸盐水泥浆液,主要用于衬砌与围岩间间隙或围岩裂隙的注浆封堵。纯水泥浆的主要特点:材料来源广泛,成本较低,无毒性,施工工艺简单方便;凝结时间随水灰比的增加而延长,从数小时到数十小时;结石率可达99%,结石体强度可达22.0MPa;稳定性差,易沉淀析水,在地下水流速较大的条件下注浆时,浆液易受水的冲刷和稀释;由于水泥是颗粒材料,可注性差,难以注入中细粉砂层及裂隙岩层。为改善水泥浆性能,可掺入掺合料如黏性土、水玻璃、粉煤灰等。

(2)目前常用的单液水泥浆、水泥—水玻璃浆均属颗粒型注浆材料,不能注入孔隙较小的地层中去。因水泥颗粒直径一般在40～100μm范围,比表面积为3170cm²/g左右,所以难于注入渗透系数小于5×10^{-4}cm/s的中砂及裂隙小于0.6mm的围岩中。超细水泥平均粒径为4μm,最大粒径为10μm,比表面积为8000cm²/g,可灌入渗透系数为1×10^{-3}～1×10^{-4}cm/s的细砂中,可灌性与化学浆液相近,结石强度大于化学浆液,对地下水及环境无污染,称为绿色注浆材料。

(3)水泥—水玻璃浆液亦称CS浆液,是以水泥和水玻璃为主剂,两者按一定的比例采用双液方式流入,必要时加入速凝剂或缓凝剂所组成的注浆材料。它克服了单液水泥浆的凝结时间长且不能控制、结石率低等缺点,提高了水泥注浆的效果,扩大了水泥注浆的适用范围,可用于防渗加固。水泥—水玻璃浆液材料来源丰富，价格较低廉，可用于裂隙为0.2mm以上的岩体或粒径为1mm以上的砂层，对环境及地下水无毒性污染，但有NaOH碱溶出，对皮肤有腐蚀性。

(4)水溶性聚氨酯类浆液由预聚体和其他外加剂所组成。与一般聚氨酯材料相似，其具有二次渗透的特点，可注性好，固化速度可调，固结体具有弹性，强度高，且到达的速度快；施工时以水为固化剂，可单液注浆，施工方便；不含有胺和重金属盐类，所以毒性小；固结体不收缩，止水耐久性好，具有高效防水堵漏、结构补强功能。该浆液价格较高，但由于它具有发泡功能，遇水发泡体积增大4～6倍，用量小，造价适中。

(5)丙烯酸盐种类很多，可作为注浆材料的有钠、锌、铝、镁等盐类。该注浆液可注性好，凝胶、化学稳定性好，且有较好的防渗性能，因而广泛应用在地下工程防渗和堵漏施工中。目前生产的丙烯酸盐多为复合盐类，按《细则》表7.5.3-5配制的浆液，在常温下凝胶时间为3～5min。若需延长凝胶时间，则应加入铁氰化钾；若需快凝，可加硫酸亚铁。该浆液有微毒，但凝胶体基本无毒；价格较高；作为堵缝材料已广泛应用于地下工程，堵水率达90%以上。

8 隧道围岩压力计算

问题 8-1

[8.1.1]作用在隧道支护结构上的围岩压力有松散压力、形变压力、膨胀压力以及冲击压力等。松散压力、形变压力主要与哪些因素有关？膨胀压力、冲击压力分别在何种情况下需要考虑？

回答

一般情况下，当围岩质量较好时围岩的松散压力较小，围岩质量较差时围岩的松散压力较大；围岩的形变压力则与围岩的强度应力比（岩体抗压强度与地层初始应力的比值）关系较密切，对于硬质岩一般形变压力较小，而软质岩则形变压力较大。

当隧道处于膨胀性地层条件时，应考虑围岩的膨胀压力；当隧道处于岩爆地段时，宜考虑冲击压力。

问题 8-2

[8.1.3]为什么连拱隧道、小净距隧道可不计入形变压力？

回答

由于连拱隧道、小净距隧道一般适用于中短隧道或隧道洞口段，隧道埋深相对较浅，因此可不考虑形变压力。

问题 8-3

[8.2.1]何谓单洞隧道？典型单洞隧道的深浅埋分界值是多少？

回答

单洞隧道的判定标准为：在工程影响范围内仅设置一个洞室，或虽设置多个洞室但不存在相互影响或影响可以忽略不计。

典型单洞隧道的深浅埋分界值可参考表 8-1。

典型单洞隧道的深浅埋分界值（m） 表 8-1

围岩级别	I	II	III	IV	V	VI
双车道隧道	—	3～4	6～7	15.0	30～35	60～70
三车道隧道	2～3	4～5	8～10	18～20	40～45	80～90

注：表中数字不包含拱顶比洞周围岩级别更差的地层。

问题 8-4

[8.2.2]深埋单洞隧道围岩压力可按经验公式计算，由此计算出的典型单洞隧道围岩松散压力荷载高度是多少？

回答

根据经验公式计算出的典型单洞隧道围岩松散压力荷载高度见表 8-2。

典型单洞隧道的围岩松散压力荷载高度（m） 表 8-2

围岩级别	I	II	III	IV	V	VI
双车道隧道	0.81	1.62	3.24	6.48	12.96	25.92
三车道隧道	0.99	1.98	3.96	7.92	15.84	31.68

问题 8-5

[8.2.3]普氏公式是如何得出的？其基本假定是什么？根据普氏公式计算得出的典型单洞隧道围岩松散压力荷载高度是多少？

回答

普氏公式是俄国学者普罗托奇雅阔诺夫于1907年提出的,又称为自然平衡拱理论。其要点是将围岩视为具有一定黏结力的松散体,洞室开挖后能够在其顶部形成稳定的压力拱(《细则》图8.2.3),作用在支护上的压力仅为压力拱与支护之间松散岩体的重力。

其基本假定为:

(1)岩体由于节理的切割,经开挖后形成松散岩体,但仍具有一定的黏结力。

(2)洞室开挖后,洞顶岩体将形成一自然平衡拱。

(3)采用坚固系数来表征岩体的强度。

(4)形成的自然平衡拱的洞顶岩体只能承受压应力不能承受拉应力。

根据普氏公式计算得出的典型单洞隧道围岩松散压力荷载高度见表8-3。

按普氏公式计算得出的典型单洞隧道围岩松散压力荷载高度 表8-3

围岩级别	III		IV		V	
围岩质量描述	偏好	偏坏	偏好	偏坏	偏好	偏坏
双车道隧道(B=13m)	3.5	6.0	6.0	9.0	9.0	13.5
三车道隧道(B=17m)	4.5	7.5	7.5	11.5	11.5	17.0

问题8-6

[8.2.6]偏压隧道的围岩垂直压力是否可参照无偏压状态下的方法进行计算?

回答

当隧道埋深H小于或等于等效荷载高度h_q时,其垂直压力在偏压与无偏压两种情况下的计算结果相差不大,故偏压隧道的围岩垂直压力可参照无偏压状态下的方法进行计算。

问题 8-7

[8.3.1]对于四车道连拱隧道，深浅埋分界值是多少？

回答

对于四车道连拱隧道，深浅埋分界值可参考表 8-4。

四车道连拱隧道深浅埋分界值(m) 表 8-4

围岩级别	II	III	IV	V
坚硬岩	5	8	18	—
较坚硬岩	6	10	22	40
较软岩	—	15	27	50
软岩	—	—	32	60

问题 8-8

[8.3.2]深埋四车道连拱隧道计算土压力荷载高度取何值？

回答

几种典型围岩条件下的深埋四车道连拱隧道计算土压力荷载高度见表 8-5。

深埋四车道连拱隧道衬砌上的设计土压力荷载高度 表 8-5

岩体级别		内摩擦角(°)	计算摩擦角(°)	侧压力系数 λ	h_{q1} (m)	h_{q2} (m)	h'_{q2} (m)	G_z (kN)
II	坚硬岩	57	76	0.088	1.84	0.00	0.00	942
	较坚硬岩	52	72	0.119	2.47	0.00	0.00	1247
III	坚硬岩	48	68	0.147	3.13	0.00	0.00	1620
	较坚硬岩	45	65	0.172	3.68	0.00	0.00	1855
	较软岩	42	62	0.198	4.26	0.38	1.62	1500
IV	坚硬岩	38	58	0.238	5.12	0.86	3.40	1350
	较坚硬岩	35	55	0.271	5.84	1.29	4.85	1125
	较软岩	32	51	0.307	6.87	1.87	6.74	900
	软岩	29	48	0.347	7.77	2.41	8.29	750

续上表

岩体级别		内摩擦角(°)	计算摩擦角(°)	侧压力系数 λ	h_{q1} (m)	h_{q2} (m)	h'_{q2} (m)	G_z (kN)
V	较坚硬岩	27	45	0.376	8.73	2.98	10.00	600
	较软岩	26	40	0.390	10.46	3.83	12.67	450
	软岩	24	35	0.422	12.69	4.98	16.03	300

问题 8-9

[8.3.4]连拱隧道形成的平衡拱一般存在哪两种状态？计算连拱隧道的围岩松散压力时，必须考虑连拱隧道的哪些特点？

回答

(1)连拱隧道形成的平衡拱一般介于以下两种状态之间：

①当中隔墙非常稳定时，其支撑作用较强，单侧洞室可形成稳定的平衡拱，松散土压力荷载仅为单侧平衡拱下部的不稳定土体。

②当中导洞收敛过大或中隔墙顶部回填不密实时，左右洞室将形成共同的平衡拱，该平衡拱是整个连拱隧道的极限稳定拱，此时松散土压力荷载为极限拱下部的全部不稳定土体。

(2)计算连拱隧道的围岩松散压力时，必须考虑以下几个特点：

①结构为双洞相连，结构形式与单洞隧道差别较大。

②开挖跨度巨大：对于四车道高速公路为23～26m，对于六车道高速公路为30～33m。

③中隔墙在连拱隧道结构稳定中发挥巨大作用，须充分考虑其施工方法与受力特点。

④一般采用复合式衬砌，中导坑先行开挖，中隔墙先期施作。

⑤当采取能够减弱围岩松动的施工措施后可以对围岩压力进行适当折减，但是中隔墙顶的围岩压力不宜折减。

问题 8-10

[8.4.1]小净距隧道深浅埋分界值是多少?

回答

对于双向四车道高速公路小净距隧道,深浅埋分界值可参照表 8-6~表 8-8 确定。

中夹岩柱厚 5m 时深浅埋分界值(m) 表 8-6

围岩级别	II	III	IV	V
坚硬岩	9	15	25	—
较坚硬岩	12	18	30	50
较软岩	—	21	35	60
软岩	—	—	45	70

注:不包含表层比洞身围岩级别低的岩体。表 8-7、表 8-8 同。

中夹岩柱厚 10m 时深浅埋分界值(m) 表 8-7

围岩级别	II	III	IV	V
坚硬岩	5	8	25	—
较坚硬岩	6	9	30	50
较软岩	—	12	35	60
软岩	—	—	45	70

中夹岩柱厚 15m 时深浅埋分界值(m) 表 8-8

围岩级别	II	III	IV	V
坚硬岩	5	8	14	—
较坚硬岩	6	9	16	45
较软岩	—	10	25	60
软岩	—	—	35	70

问题 8-11

[8.4.2]小净距隧道土压力荷载高度如何取值?

回答

几种典型围岩条件下的深埋四车道小净距隧道土压力荷载高度见表 8-9。

小净距隧道的设计土压力荷载高度 表 8-9

岩体级别		内摩擦角(°)	计算摩擦角(°)	侧压力系数λ	中夹岩柱宽 3m		
					h_{q1}(m)	h_{q2}(m)	h'_{q2}(m)
II	坚硬岩	57	76	0.088	1.93	0.38	2.33
	较坚硬岩	52	72	0.119	2.59	0.57	3.13
III	坚硬岩	48	68	0.147	3.29	0.80	3.98
	较坚硬岩	45	65	0.172	3.85	1.00	4.67
	较软岩	42	62	0.198	4.46	1.22	5.42
IV	坚硬岩	38	58	0.238	5.36	1.58	6.52
	较坚硬岩	35	55	0.271	6.10	1.89	7.43
	较软岩	32	51	0.307	7.17	2.33	8.75
	软岩	29	48	0.347	8.11	2.76	9.91
V	较坚硬岩	27	45	0.376	9.10	3.19	11.14
	较软岩	26	40	0.390	10.91	3.87	13.36
	软岩	24	35	0.422	13.22	4.83	16.20

岩体级别		中夹岩柱宽 5m			中夹岩柱宽 7m			中夹岩柱宽 10m		
		h_{q1}(m)	h_{q2}(m)	h'_{q2}(m)	h_{q1}(m)	h_{q2}(m)	h'_{q2}(m)	h_{q1}(m)	h_{q2}(m)	h'_{q2}(m)
II	坚硬岩	2.06	0.36	2.33	2.06	0	0	2.06	0	0
	较坚硬岩	2.75	0.54	3.13	2.82	0	0	2.82	0	0
III	坚硬岩	3.49	0.75	3.98	3.64	0.49	2.68	3.64	0	0
	较坚硬岩	4.09	0.94	4.67	4.32	0.89	4.67	4.32	0	0
	较软岩	4.73	1.15	5.42	4.99	1.09	5.42	5.07	0.19	0.97
IV	坚硬岩	5.67	1.49	6.52	5.98	1.41	6.52	6.18	0.83	3.96
	较坚硬岩	6.45	1.79	7.43	6.80	1.69	7.43	7.12	1.30	5.99
	较软岩	7.58	2.20	8.75	7.98	2.09	8.75	8.47	1.84	8.17
	软岩	8.56	2.61	9.91	9.01	2.48	9.91	9.68	2.31	9.91
V	较坚硬岩	9.60	3.02	11.14	10.10	2.87	11.14	10.85	2.67	11.14
	较软岩	11.51	3.67	13.36	12.10	3.49	13.36	13.00	3.25	13.36
	软岩	13.94	4.58	16.20	14.65	4.36	16.20	15.72	4.06	16.20

续上表

岩体级别		中夹岩柱宽 15m			中夹岩柱宽 20m			中夹岩柱宽 25m		
		h_{q1} (m)	h_{q2} (m)	h'_{q2} (m)	h_{q1} (m)	h_{q2} (m)	h'_{q2} (m)	h_{q1} (m)	h_{q2} (m)	h'_{q2} (m)
II	坚硬岩	2.06	0	0	2.06	0	0	2.06	0	0
	较坚硬岩	2.82	0	0	2.82	0	0	2.82	0	0
III	坚硬岩	3.64	0	0	3.64	0	0	3.64	0	0
	较坚硬岩	4.32	0	0	4.32	0	0	4.32	0	0
	较软岩	5.07	0	0	5.07	0	0	5.07	0	0
IV	坚硬岩	6.18	0	0	6.18	0	0	6.18	0	0
	较坚硬岩	7.12	0	0	7.12	0	0	7.12	0	0
	较软岩	8.47	0.70	3.12	8.47	0	0	8.47	0	0
	软岩	9.69	1.32	5.67	9.69	0.33	1.43	9.69	0	0
V	较坚硬岩	10.96	1.93	8.10	10.96	1.14	4.79	10.96	0	0
	较软岩	13.18	2.67	11.10	13.18	2.05	8.53	13.18	0.81	3.37
	软岩	16.10	3.63	14.81	16.10	3.19	13.05	16.10	2.33	9.52

问题 8-12

[8.4]关于小净距隧道围岩压力的计算，还有哪些需要注意的问题？

回答

有关小净距隧道围岩压力的计算方法主要参考西部交通建设科技项目《分岔隧道设计与施工关键技术研究》(20040462004125)中的子报告《分岔隧道设计施工指南》。

小净距隧道围岩压力与隧道断面形式、断面尺寸、围岩类别、隧道埋深、中夹岩柱厚度、开挖方式、支护形式和参数选取等众多因素有关，特别是隧道的开挖方式和中夹岩柱的加固措施及加固效果对小净距隧道平衡拱的形成及围岩压力的影响较大。

小净距隧道形成的平衡拱一般介于以下两种极限状态之间：

(1)加固后的中夹岩柱体形成了一个承载能力很高的柱体,阻止了岩柱体上方松散土体的下沉,减小了平衡拱的形成范围,仅在单侧洞室上方各自形成稳定的平衡拱,左右洞的平衡拱无影响。

(2)隧道开挖方式不当,或中夹岩柱体加固措施不合理,中夹岩柱承载能力较小,左右洞室的平衡拱范围逐渐扩大,最后在左右洞室的上方形成一个共同的平衡拱。

对于小净距隧道的中夹岩柱,应考虑隧道支护结构(如预应力对拉锚杆)的主动支护力对岩体抗压强度的提高效应。根据摩尔—库仑强度理论,其换算强度计算如下:

$$R_s^T = P_i \frac{1+\sin\varphi_0}{1-\sin\varphi_0} + R_s^b \tag{8-1}$$

式中:R_s^T——中夹岩柱岩体的换算强度(kPa);

P_i——支护结构对中夹岩柱的等效主动支护压力(kPa);

φ_0——岩体内摩擦角(°);

R_s^b——岩体单轴抗压设计强度(kPa)。

因此,中夹岩柱对上部岩体的支撑力如下:

$$P_z = \frac{R_s^T B_{zp}}{K_z} \tag{8-2}$$

式中:K_z——中夹岩柱的支撑能力安全系数;一般 $K_z=2$;

B_{zp}——中夹岩柱有效承载宽度(m);

当$\frac{1}{2}B_z \leqslant B_{np}$时,$B_{zp}=0$

当$\frac{1}{2}B_z > B_{np}$时,$B_{zp}=B_z-2B_{np}$

B_z——中夹岩柱能够发挥支撑作用的宽度(m),应扣除超挖值;

B_{np}——中夹岩柱单侧破裂面水平宽度(m)。

$$B_{np} = (H_t - H_N)\tan\left(45° - \frac{1}{2}\varphi_0\right) \tag{8-3}$$

9 隧道支护的地层—结构计算方法

问题 9-1

[9.1.1]地层—结构计算模型的基本理念是什么？

回答

地层—结构计算模型的基本理念是认为围岩具有自支承能力，初期支护（锚杆、钢筋网、钢拱架、喷射混凝土层）与二次衬砌结构的作用是加固围岩，并与围岩联合组成共同受力的整体，共同承受荷载的作用。

问题 9-2

[9.1.2]地层—结构计算方法适用范围的确定基于哪几方面的考虑？

回答

地层—结构计算方法适用范围主要基于如下几方面的考虑：

(1)Ⅰ级及Ⅱ级围岩自支承能力较强，在这些级别的围岩中建造的隧道对支护结构一般可根据经验选定设计参数，不必进行计算。

(2)Ⅲ级及Ⅳ级围岩具有一定的自支承能力，比较适合采用地层—结构计算方法进行设计计算。但在Ⅲ级围岩地段，洞室跨度不大的双车道隧道仍可根据经验选定设计参数，不必进行计算。

(3)Ⅴ级围岩的自支承能力较弱，故虽可采用地层—结构计算方法进行设计计算，但更适合采用荷载—结构计算方法进行设计计算。

(4)Ⅵ级围岩的自支承能力差,应采用荷载—结构计算方法对支护结构进行设计计算,但地层—结构计算法仍可用于研究由地层变形导致的对周围环境的影响。

问题 9-3

[9.1.2]当采用地层—结构计算方法对公路隧道进行分析计算时,宜优先选用哪种计算方法?

回答

地层—结构计算方法可分为解析解法和数值法两类。其中解析解法只适用于均匀介质中的圆形隧道,且只能计算若干典型工况。对于公路隧道的设计,可供采用的地层—结构计算方法通常是数值法。因此,宜优先选用数值法,其中主要是有限单元法。

(1)地层—结构计算方法的数值法可分为有限单元法(FEM)、不连续变形分析法(DDA)、边界单元法(BEM)和有限差分法(FDM)等。

(2)有限单元法具有既可模拟各级围岩的性态特征,又能反映断层、节理等地质构造的影响,并能对施工开挖过程进行动态追踪等显著优点,因而适用于各级围岩(硬岩或软岩)中的公路隧道设计计算。

(3)不连续变形分析法可较好地模拟块体结构的性态,适用于围岩地层为块体状结构的硬岩地层中的公路隧道的设计计算。因查明块体结构分布的几何特征及合理确定结构面性状的参数需开展较多的地质调查工作,很难满足计算要求,因而这类方法一般仅在规模较大的大跨度地下结构的设计研究中采用。

(4)边界单元法用于均匀介质中的弹性、黏弹性问题的计算时才比有限单元法简捷,一般仅适用于围岩介质的性态可用弹性、黏弹性模型近似模拟时的公路隧道的设计计算。

(5)有限差分法因将控制方程改造为差分方程而具有少占内存等显

著优点，目前已为FLAC等程序吸收，可供各级围岩(硬岩或软岩)中的公路隧道设计计算采用。

问题9-4

[9.1.3]采用地层—结构计算法进行设计计算时，围岩压力的确定原则是什么?

回答

释放荷载与初始地应力、围岩材料的性态、施工开挖步骤及结构施作时机等有关。工程设计中，各类因素(其中包括时间因素)的影响，可通过设定相应的荷载释放过程实现。鉴于围岩材料的变形常随时间变化而增长，复合式衬砌各层支护结构经受围岩压力作用的程度将有差异。这类力学现象可通过控制荷载释放过程模拟，将释放荷载分担比按各层支护的强度与支护时机进行合理分配。

10 隧道支护的荷载—结构计算方法

问题 10-1

[10.1.2]何谓结构的承载能力极限状态及正常使用极限状态？

回答

(1)承载能力极限状态。当结构或构件达到最大承载能力或产生不适于继续承载的变形的下列状态之一时，应认为超过了结构的承载能力极限状态：

①整个结构或结构的一部分作为刚体失去平衡(如倾覆、滑动等)。

②结构、构件或其连接件因材料破坏而破坏。

③结构或构件丧失稳定。

(2)正常使用极限状态。当结构或构件达到正常使用或耐久性的某项规定限值的下列状态之一时，应认为超过了正常使用极限状态：

①影响正常使用或外观的变形。

②影响正常使用或耐久性的局部损坏(包括裂缝)。

③影响正常使用的其他特定状态。

问题 10-2

[10.1.2]进行隧道支护结构的承载能力极限状态计算，当采用综合安全系数法或分项安全系数法计算时，荷载效应不利组合的设计值与结构抗力效应的设计值如何表示？

回答

当采用综合安全系数法计算时，荷载效应不利组合的设计值与结构抗力效应的设计值可用式(10-1)表示；当采用分项安全系数法设计时，荷载效应不利组合的设计值与结构抗力效应的设计值可用式(10-2)表示。

$$KS(f_{\mathrm{r}},a_{\mathrm{d}})\leqslant R(f_{\mathrm{d}},a_{\mathrm{d}},C) \tag{10-1}$$

$$\gamma_0\gamma_1 S(\gamma_{\mathrm{f}} f_{\mathrm{r}},a_{\mathrm{d}})\leqslant R\left(\frac{f_{\mathrm{d}}}{\gamma_{\mathrm{d}}},a_{\mathrm{d}},C\right) \tag{10-2}$$

式中：$S(\cdot)$——荷载作用效应函数；

$R(\cdot)$——结构抗力函数；

K——综合安全系数；

f_{r}——作用在结构之上的荷载代表值；

f_{d}——结构强度的参数代表值；

a_{d}——结构的几何参数代表值；

C——结构的极限约束值；

γ_0——构件工作条件系数；

γ_1——地下结构附加安全系数；

γ_{f}——作用在结构之上的荷载安全系数；

γ_{d}——结构材料或岩土的强度安全系数。

问题 10-3

[10.1.5]对施工过程中主要支护构件的安全性进行验算时，需要注意哪些问题？

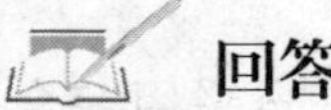

回答

对施工过程中的支护结构进行安全性验算，关键是如何确定施工阶段作用在支护结构之上的土压力荷载及其他施工荷载。由于隧道开挖过程中的时空效应，作用在支护结构之上的土压力荷载随开挖面的推进及时间的流逝而不断增加。因此，一般施工阶段的土压力荷载要小于设计总荷载，分步开挖阶段的荷载小于全断面开挖的荷载。不同的围岩、不同的施工方法，土压力荷载的增长速率将有较大差别。

？问题 10-4

[10.2.1]作用在隧道支护结构上的计算荷载分为哪几类？

回答

按作用时间变化规律，荷载可分为永久荷载、可变荷载和偶然荷载三类。

(1)永久荷载：在设计基准期内量值不随时间而变化，或其变化值与平均值比较可以忽略不计的荷载，如结构自重、土压力、混凝土收缩和徐变、水压力、基础变形影响力等。

(2)可变荷载：在设计基准期内其量值随时间而变化，且其变化与平均值比较不可忽略的荷载，如车辆荷载、人群荷载、风荷载、温度湿度变化影响力等。

(3)偶然荷载：在设计基准期内出现的概率很小，一旦出现，其值很大且持续时间很短的荷载，如罕遇地震、边坡坍塌的冲击力以及爆炸影响力等。

？问题 10-5

[10.3.1]根据衬砌形式的不同，隧道支护结构可分为哪几种？

回答

(1)明洞、棚洞：一般为钢筋混凝土结构。

(2)整体式衬砌：一般用于矿山法施工的隧道，为砌体结构、混凝土结构或钢筋混凝土结构。

(3)喷锚衬砌:系统锚杆形成的承载拱、喷射混凝土及钢拱架结构。

(4)复合式衬砌:初期支护的构成与喷锚衬砌相同,二次衬砌一般为混凝土结构或钢筋混凝土结构。

(5)装配式衬砌:一般采用钢筋混凝土预制构件。

不同的衬砌形式、不同的支护结构其内力计算方法有较大差异,在计算过程中应根据设计方案、施工方法以及地质条件等因素具体确定。

? 问题 10-6

[10.3.4]本条规定"隧道结构计算时,应考虑隧道周边岩体或土体对结构的弹性抗力作用。"何谓弹性抗力?

回答

弹性抗力是当隧道结构在荷载作用下发生变形时周边岩体或土体限制结构变形的反力,因此当围岩对隧道支护结构的变形具有约束作用时,应考虑围岩对结构的弹性抗力作用。弹性抗力可以是压应力,可以是拉应力,也可以是剪应力。弹性抗力系数为岩土体产生单位压缩变形时对结构的反作用力。弹性抗力系数的取值与多种因素有关:岩土体的弹性模量、隧道埋置深度、洞室形状与大小等。

? 问题 10-7

[10.3.6]弹性抗力具体如何计算?

回答

假定分布函数法与弹性地基梁法主要用于早期的人工结构计算,而连杆单元法与弹性地基单元法则广泛用于有限元计算程序之中。

1.假定分布函数法

(1)对于直墙式衬砌,一般假定拱部弹性抗力按抛物线分布,其中抗力零点位于拱顶两侧45°附近,抗力最大点位于拱脚。

$$\sigma = \sigma_h \frac{\cos^2\varphi_a - \cos^2\varphi}{\cos^2\varphi_a - \cos^2\varphi_b} \tag{10-3}$$

式中:σ——计算点的弹性抗力大小;

σ_h——抗力最大点弹性抗力大小;

φ_a——弹性抗力计算起点(零点)中心角;

φ_b——弹性抗力计算终点(最大值)中心角。

如果拱脚截面角 $\varphi_a = 75° \sim 90°$,则上式可简化为:$\sigma = \sigma_h \frac{\cos^2\varphi_a - \cos^2\varphi}{\cos^2\varphi_a}$;如果抗力零点位于截面角为45°,则上式可简化为:$\sigma = \sigma_h \cos^2\varphi$。

(2)边墙的弹性抗力作用可以根据弹性地基梁理论公式计算,也可以通过假定弹性抗力分布函数来计算。

①如果属于弹性地基刚梁,则可假定弹性抗力按直线分布,抗力零点在墙脚,最大点在墙顶。

②如果属于弹性地基短梁,则可假定弹性抗力按负抛物线分布,抗力零点在墙脚,最大点在墙顶。

③如果属于弹性地基长梁,则取上部换算长度为短梁的部分按负抛物线分布,下部弹性抗力为零。

(3)对于曲墙式衬砌,一般假定弹性抗力上零点在拱顶两侧45°附近,下零点在墙脚附近,最大抗力发生在弹性抗力分布区域的2/3高度处,或最大跨度附近。边墙段弹性抗力按二次抛物线分布计算,如果边墙刚度较大,且外侧接近直线,一般可假定为与高度成正比的直线型分布。

2.连杆法

(1)将地层对结构的反作用简化为一个与围岩弹性抗力系数、结构计算宽度以及单元长度相关的弹簧，将弹簧刚度并入结构总刚度矩阵中求解。

(2)对于不必考虑拉抗力作用的部位，若连杆出现拉力就将该连杆的刚度取为零，然后重新计算，这样经过反复多次计算一般能够达到要求目标。

(3)弹性抗力弹簧的刚度可用式(10-4)表示：

$$K^{\mathrm{i}} = K_{\mathrm{d}} K \sum_{i}^{n} 0.5 L^{\mathrm{i}} B^{\mathrm{i}} \tag{10-4}$$

式中：K^{i} ——节点 i 处抗力弹簧的拉压刚度；

K_{d} ——节点 i 处围岩的拉压弹性抗力系数(kN/m^3)；

L^{i} ——与节点 i 相连接的单元长度(m)；

B^{i} ——与节点 i 相连接的单元宽度(m)；

n——与节点 i 相连接的单元总数。

将上述节点弹性抗力弹簧的刚度进行坐标变换后并入总刚度矩阵，即可求解结构内力。但是一般在计算中应作如下处理：

①对于初期支护及仰拱等与围岩黏结为一体的构件，不仅要考虑拉压弹性抗力作用，而且还应考虑切向的弹性抗力作用，因此可以直接并入计算。

②对于设置防水层的二次衬砌，一般不考虑拉抗力作用。当结构向远离围岩方向运动时，则将弹簧刚度取 0。因此，应根据上次计算结果进行修正，确定是否计入弹簧刚度。

③在计算弹性抗力过程中，拱部及边墙一般不考虑结构竖向位移。其主要原因是竖向位移是围岩与结构协调运动产生的，如果考虑竖向位移将导致过大的拉抗力的产生，与结构的实际工作情况不符。

(4)弹性抗力大小可以用下式表示：

$$R^{\mathrm{i}} = K^{\mathrm{i}} u^{\mathrm{i}} \tag{10-5}$$

式中：R^{i} ——节点 i 处弹性抗力大小(kN)；

K^{i}——节点 i 处抗力弹簧的抗压刚度；

u^i——节点 i 沿围岩面法向方向的位移(m)。

3. 弹性地基单元法

(1)将结构视为与围岩共同变形的弹性地基梁,对于边墙及仰拱应是既考虑围岩对结构的压力又考虑围岩对结构的拉力的完全弹性地基梁,直接采用标准刚度矩阵;对于仅考虑围岩对结构的压力作用的二次衬砌则为不完全弹性地基梁,应对标准刚度矩阵进行适当修正。

(2)弹性地基单元的标准刚度矩阵见式(10-6)。

$$\overline{K_d^e} = KL\begin{bmatrix} 0 & & & & & \\ 0 & 0.371428571 & & & \text{对称} & \\ 0 & 0.052380952L & 0.009523809L^2 & & & \\ 0 & 0 & 0 & 0 & & \\ 0 & 0.128571428 & 0.03095238L & 0 & 0.371428571 & \\ 0 & -0.03095238L & -0.001339285L^2 & 0 & -0.052380952L & 0.009523809L^2 \end{bmatrix}\begin{matrix} \mu_1 \\ \upsilon_1 \\ \theta_1 \\ \mu_2 \\ \upsilon_2 \\ \theta_2 \end{matrix} \tag{10-6}$$

式中:$\overline{K_d^e}$——弹性地基单元的标准刚度矩阵;

K——弹性抗力系数(kPa/m);

L——单元长度(m)。

问题 10-8

[10.3.7]为什么系统锚杆计算主要针对能够在隧道周边形成稳定承载拱的 III、IV 级围岩?

回答

由于 I、II 级围岩自稳能力较强,一般不必设置系统锚杆,即使在某些大跨度隧道中设置了系统锚杆,也不能简单地认为是其形成的承载拱起主要作用,因此一般不必计算其承载能力,而应以洞室围岩稳定分析为主;对于 V、VI 级围岩,由于土体太松软,一般不设置系统锚杆,即使设置了系统锚杆，也不能形成稳定的承载拱而提供长期有效的支护能力，只是在一定程度上提高初期支护的承载能力，因此一般也不必计算其承载能力。

问题 10-9

[10.3.7]在计算内力过程中，为什么对承载拱的重度及弹性模量直接取用初始围岩的参数，而进行强度校核时应考虑系统锚杆对围岩相关强度值的修正？

回答

主要原因是一方面系统锚杆对围岩的重度及弹性模量影响较小，另一方面其值调整对内力计算结果的影响不大，而强度校核则对强度参数较为敏感，有必要根据锚杆的设计施工工艺情况进行调整。

问题 10-10

[10.3.7]在计算承载拱厚度时，哪些因素对计算结果影响较大？

回答

分析表明，锚杆的布置方式，特别是锚杆的入土长度及围岩的级别对承载拱的厚度计算结果影响较大。表 10-1 为双车道隧道系统锚杆形成的承载拱厚度计算表。

双车道隧道系统锚杆形成的承载拱厚度 表 10-1

围岩级别	开挖轮廓线半径 R_0 (m)	计算摩擦角 φ_j (°)	锚杆入土长度 L_0 (m)	锚杆间距 $a\times b$ (m)	厚度安全值 D_0 (m)	承载拱厚度 D_g (m)
V	5.8	40	3.0	0.8×0.8	0.30	2.11
	5.8	45	3.0	0.8×1.0	0.25	2.20
	5.8	50	2.5	1.0×1.0	0.20	1.80

续上表

围岩级别	开挖轮廓线半径 R_0（m）	计算摩擦角 φ_j（°）	锚杆入土长度 L_0（m）	锚杆间距 $a\times b$（m）	厚度安全值 D_0（m）	承载拱厚度 D_g（m）
IV	5.7	50	3.0	1.0×1.0	0.30	2.18
	5.7	55	2.5	1.0×1.2	0.25	1.79
	5.7	60	2.5	1.2×1.2	0.20	1.88
III	5.6	60	2.5	1.2×1.2	0.20	1.88
	5.6	65	2.5	1.2×1.4	0.20	1.94
	5.6	70	2.5	1.4×1.4	0.15	1.55

问题 10-11

[10.3.8]如何评价喷射混凝土及钢拱架的承载能力？

回答

由于钢拱架相对周边岩体的刚度更小，弹性抗力的作用范围一般较大，抗力零点一般偏高，大约在圆心上部45°～55°范围内。大量分析计算表明，对于喷射混凝土及钢拱架这种柔性支护结构，围岩弹性抗力系数及荷载侧压力系数对其承载能力影响较小，其承载能力比较稳定。

问题 10-12

[10.3.9]二次衬砌的弹性抗力采用何种方法计算？

回答

二次衬砌的弹性抗力分布形式可按假定分布函数法计算，如果采用有限元法进行结构计算时，则按照温克尔弹性地基梁理论根据各节点实际产生的径向向外的位移计算弹性抗力。拱部弹性抗力零点在圆心上部约40°～50°。进行仰拱内力计算时，一般采用完全的弹性地基梁理论，即无论结构压向围岩还是远离围岩，围岩对结构均存在约束作用。主要原因是仰拱一般与下部围岩完全密贴，具备完全弹性地基梁的变形受力条件。

问题 10-13

[10.3.9]如果二次衬砌设有仰拱，在计算其内力时需要注意什么问题？

回答

二次衬砌边墙与仰拱简化为封闭的二次衬砌进行计算时，将会大大增加边墙与仰拱连接处附近的内力，从而导致要求过高的结构强度而造成浪费。因此设计过程中一般将处于地质条件较差地段（如Ⅴ级、Ⅵ级围岩）的钢筋混凝土二次衬砌设计为整体，而对处于地质条件相对较好地段的混凝土二次衬砌将仰拱与边墙基础设计为铰接。

问题 10-14

[10.3.9]如何看待外荷载侧压力系数对二次衬砌承载能力的影响？

回答

分析表明，外荷载侧压力系数对二次衬砌承载能力影响较大，而围岩的弹性抗力系数则对结构的承载能力影响较小。对于接近圆形的公路隧道二次衬砌，当侧压力系数接近1.0时，结构的承载能力达到最大，因此公路隧道二次衬砌侧压力系数偏大对结构受力有利。这一特点与尖拱形铁路隧道衬砌有所不同，值得充分注意。

问题 10-15

[10.3.10]在隧道衬砌结构计算过程中，基底的弹性变形是否需要考虑？

回答

隧道衬砌结构的基础应视为处于弹性地基之上，在结构计算过程中基底的弹性变形不能忽略，一般其弹性刚度可表示如下：

$$\overline{K}_{\mathrm{d}} = \begin{bmatrix} K_{\mathrm{f}}BH & 0 & 0 \\ 0 & K_{\mathrm{d}}BH & 0 \\ 0 & 0 & \frac{1}{12}K_{\mathrm{d}}BH^{3} \end{bmatrix} \tag{10-7}$$

式中：$[\overline{K}_{\mathrm{d}}]$——结构基础地基在局部坐标系下的弹性刚度矩阵；

K_{f}——地基水平弹性抗力系数(kPa/m)；

K_{d}——地基竖向弹性抗力系数(kPa/m)，一般可取侧墙弹性抗力系数的1.2倍；

B——地基沿隧道纵向的宽度(m)；

H——地基沿隧道横向的厚度(m)。

如果基础底面与计算坐标系轴线呈一定角度，则上式还应进行坐标变换后才能加入总刚度矩阵。

问题 10-16

[10.3]初期支护与二次衬砌采用叠合结构模式进行内力计算时，其单元刚度矩阵中的截面积 A 与转动惯量 I 应如何计算？

回答

(1)当初期支护与二次衬砌之间铺设了防水层时，衬砌之间只能传递压应力，则：

$$A_{\mathrm{z}} = A_{\mathrm{c}} + A_{\mathrm{e}} \tag{10-8}$$

$$I_{\mathrm{z}} = I_{\mathrm{c}} + I_{\mathrm{e}} \tag{10-9}$$

(2)当初期支护与二次衬砌之间未铺设防水层时，衬砌之间各向应力是连续的，则：

$$A_z = A_c + A_e \tag{10-10}$$

$$I_z = A_c Y_c^2 + A_e Y_e^2 \tag{10-11}$$

$$Y_c = D\left(1 - \frac{A_e}{A_c + A_e}\right) \tag{10-12}$$

$$Y_e = D\left(1 - \frac{A_c}{A_c + A_e}\right) \tag{10-13}$$

式中：A_z，A_c，A_e——结构计算截面积、喷射混凝土截面积、二次衬砌截面积（m^2）；

I_z，I_c，I_e——结构计算转动惯量、喷射混凝土转动惯量、二次衬砌转动惯量（m^4）；

Y_c——喷射混凝土层截面形心到组合截面形心的距离（m）；

Y_e——二次衬砌截面形心到组合截面形心的距离（m）；

D——喷射混凝土层截面形心到二次衬砌截面形心的距离（m）。

? 问题 10-17

[10.4.12]当开挖爆破对周边岩体可能扰动较大时，承载拱的强度参数如何考虑?

回答

当开挖爆破对周边岩体可能扰动较大时，承载拱的强度参数也可直接取洞室周边原状岩体的强度值。主要原因是尽管系统锚杆对承载拱的局部稳定性有一定程度提高，但是考虑到洞室开挖爆破过程中对洞室周边岩体的扰动，基本上两相抵消，这样可使结果更偏于安全。

问题 10-18

[10.4]钢筋混凝土轴心受压构件,当采用螺旋式或焊接环式间接钢筋时(图 10-1),其正截面强度如何计算?

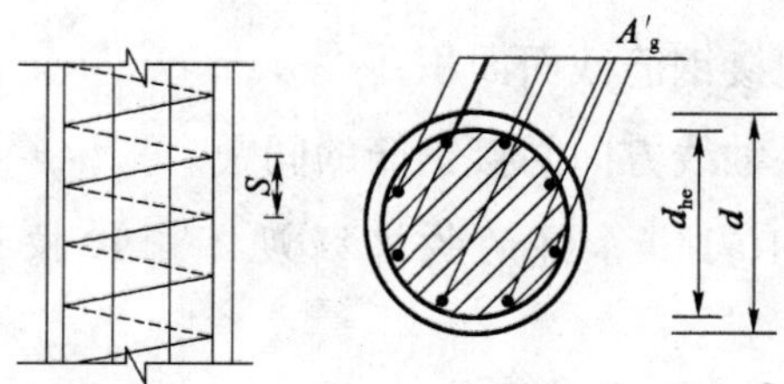

图 10-1 配置螺旋式间接钢筋的钢筋混凝土轴心受压构件截面图

回答

1. 综合安全系数法

$$KN_Z \leqslant R_a A_{he} + R'_g A'_g + R_g A_{jg} \tag{10-14}$$

2. 分项安全系数法

$$\gamma_0 \gamma_1 N_j \leqslant \frac{R_a}{\gamma_h} A_{he} + \frac{R'_g}{\gamma_g} A'_g + \frac{R_g}{\gamma_g} A_{jg} \tag{10-15}$$

式中:K——综合安全系数,按《细则》表 10.4.4 选取;

N_Z, N_j——计算截面的轴向力;

R_a——混凝土抗压设计强度;

R'_g——纵向受压钢筋抗压设计强度;

A'_g——纵向受压钢筋截面面积;

A_{he}——构件核心截面面积;

R_g——间接钢筋抗拉设计强度;

A_{jg}——间接钢筋换算截面面积;

$$A_{jg} = \frac{\pi d_{he} a_j}{S}$$

γ_0——构件工作条件系数,按《细则》表 10.4.5-1 选取;

γ_1——结构附加安全系数，按《细则》表 10.4.5-2 选取；

γ_h——混凝土抗剪分项系数，按《细则》表 10.4.5-3 选取；

γ_g——作用在结构上的荷载分项系数，按《细则》表 10.2.9 选取；

d_{he}——构件核心直径；

a_j——单根间接钢筋截面面积；

S——沿构件轴线方向间接钢筋的间距。

注：(1) 按式(10-14)算得的构件强度不应比按式(10-15)算得的大 50%。

(2) 凡属下列情况之一者，不考虑间接钢筋的影响，而按式(10-15)规定计算：

①当 $l_0/d > 7$ 时；

②当按式(10-14)算得的强度小于按式(10-15)算得的强度时；

③当间接钢筋的换算截面面积 A_{jg} 小于纵向钢筋截面面积的 25%时。

问题 10-19

[10.4]钢筋混凝土矩形、T 形和工字形截面的受弯构件，当配有箍筋和弯起钢筋时(图 10-2)，其斜截面抗剪强度验算如何进行？

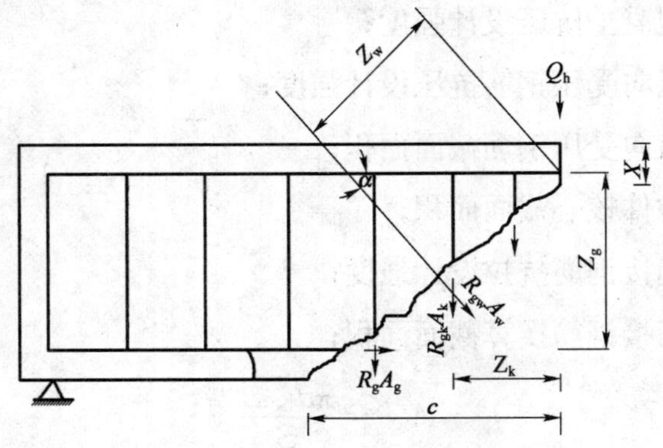

图 10-2　斜截面抗剪强度验算示意图

回答

1. 综合安全系数法

$$KQ_j \leqslant 0.033bh_0\sqrt{(2+p)\sqrt{R}\mu_k R_{gk}} + 0.08R_{gw}\sum A_w \sin\alpha \tag{10-16}$$

2. 分项安全系数法

$$\gamma_0\gamma_1 Q_j \leqslant 0.036\frac{bh_0}{\gamma_h}\sqrt{(2+p)\sqrt{R}\mu_k R_{gk}} + 0.08\frac{R_{gw}}{\gamma_g}\sum A_w \sin\alpha \tag{10-17}$$

式中：Q_j——通过计算斜截面顶端正截面内的最大剪力(kN)；

K——综合安全系数，按《细则》表 10.4.4 选取；

b——通过斜截面受压区顶端截面上的腹板厚度(cm)；

h_0——通过斜截面受压区顶端截面上的有效高度，纵向受拉钢筋合力点至受压边缘的距离(cm)；

μ_k——箍筋配筋率；

$$\mu_k = \frac{A_k}{S_k b}$$

A_k——同一截面上箍筋的总截面面积；

S_k——箍筋间距；

R_{gk}——箍筋的抗拉设计强度(MPa)，设计时不得大于 340MPa；

R——混凝土强度等级；

p——斜截面内纵向受拉主筋的配筋率；

$$p = 100\mu$$

$$\mu = \frac{A_g}{bh_0}$$

当 $p>3.5$ 时，取 $p=3.5$；

γ_0——构件工作条件系数，按《细则》表 10.4.5-1 选取；

γ_1——结构附加安全系数，按《细则》表 10.4.5-2 选取；

γ_h——混凝土抗剪分项系数，按《细则》表 10.4.5-3 选取；

γ_g——作用在结构上的荷载分项系数，按《细则》表 10.2.9 选取；

R_{gw}——弯起钢筋的抗拉设计强度(MPa)；

A_w——在一个弯起钢筋平面内的弯起钢筋总截面面积(cm^2)；

α——弯起钢筋与构件纵向轴线的夹角(°)。

斜截面抗剪强度验算时，斜截面水平投影长度 c 按下式计算：

$$c = 0.6mh_0 \tag{10-18}$$

式中：m——斜截面顶端正截面处的剪跨比；

$$m = \frac{M}{Qh_0}$$

当 $m > 3$ 时，取 $m = 3$；

Q——通过斜截面顶端正截面内由使用荷载产生的最大剪力；

M——相应于上述最大剪力时的弯矩；

h_0——见式(10-16)。

注：斜截面强度计算公式仅适应于等高度简支梁。

？问题 10-20

[10.4.24]对于钢筋混凝土矩形、T 形和工字形截面的受弯构件，在进行斜截面抗剪强度计算时，在何种情况下可仅按构造要求配置箍筋？

回答

钢筋混凝土矩形、T 形和工字形截面的受弯构件，如符合式(10-19)或式(10-20)要求时，则不需要进行斜截面抗剪强度计算，而仅按构造要求配置箍筋。

1. 综合安全系数法

$$KQ_Z \leqslant 0.07R_1bh_0 \tag{10-19}$$

2. 分项安全系数法

$$\gamma_0\gamma_1 Q_F \leqslant 0.07\frac{1}{\gamma_h}R_1 bh_0 = 0.045R_1 bh_0 \tag{10-20}$$

式中：R_1——混凝土抗拉设计强度(MPa)。

Q_Z，Q_F——计算截面上的最大剪力(kN)；

K——综合安全系数，按《细则》表 10.4.4 选取；

b——计算截面的宽度(cm)；

h_0——计算截面的有效高度(cm)；

γ_0——构件工作条件系数，按《细则》表 10.4.5-1 选取；

γ_1——结构附加安全系数，按《细则》表 10.4.5-2 选取；

γ_h——混凝土抗剪分项系数，按《细则》表 10.4.5-3 选取。

注：①对于实体板，容许限值可提高 25%。

②此项规定仅适用于等高度简支梁。

问题 10-21

[10.4]钢筋混凝土沿周边均匀配置钢筋的圆形截面偏心受压构件(图 10-3)，其正截面强度如何计算？

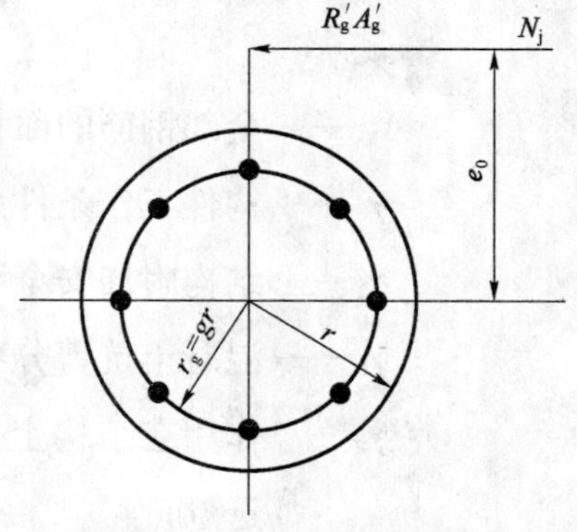

图 10-3 沿周边均匀配置钢筋的圆形截面图

回答

1. 综合安全系数法

$$KN_Z \leqslant Ar^2R_a + C\mu r^2R_g \tag{10-21}$$

$$KM_Z \leqslant Br^3R_a + D\mu gr^3R_g \tag{10-22}$$

2. 分项安全系数法

$$\gamma_0\gamma_1 N_F \leqslant \frac{R_a}{\gamma_h}Ar^2 + \frac{R_g}{\gamma_g}C\mu r^2 \tag{10-23}$$

$$\gamma_0\gamma_1 M_F \leqslant \frac{R_a}{\gamma_h}Br^3+\frac{R_g}{\gamma_g}D\mu g r^3 \tag{10-24}$$

式中：N_Z,N_F——计算截面的纵向力；

M_Z,M_F——计算截面的弯矩；

R_a——混凝土抗压设计强度；

R_g——钢筋抗拉设计强度；

r——圆形截面半径；

g——钢筋半径相对系数；

$$g=\frac{r_g}{r}$$

μ——配筋率；

$$\mu=\frac{A_g}{\pi r^2}$$

A_g——全部钢筋的面积总和；

γ_0——构件工作条件系数，按《细则》表 10.4.5-1 选取；

γ_1——结构附加安全系数，按《细则》表 10.4.5-2 选取；

γ_h——混凝土抗剪分项系数，按《细则》表 10.4.5-3 选取；

γ_g——作用在结构上的荷载分项系数，按《细则》表 10.2.9 选取；

$$A_g=\frac{1}{2}(2\theta_c-\sin 2\theta_c)$$

$$B=\frac{2}{3}\sin^3\theta_c$$

$$C=\theta_{sc}-\pi+\theta_{st}+\frac{1}{g\cos\theta_{sc}-(1-2\xi)}\times[g(\sin\theta_{st}-\sin\theta_{sc})$$
$$-(1-2\xi)(\theta_{st}-\theta_{sc})]$$

$$D=\sin\theta_{st}+\sin\theta_{sc}+\frac{1}{g\cos\theta_{sc}-(1-2\xi)}\times$$

$$\left[g\left(\frac{\theta_{st}-\theta_{sc}}{2}+\frac{\sin2\theta_{st}-\sin2\theta_{sc}}{4}\right)-(1-2\xi)(\sin\theta_{st}-\sin\theta_{sc})\right]$$

$$\theta_c=\cos^{-1}(1-2\beta\xi)\leqslant\pi$$

$$\theta_{sc}=\cos^{-1}\left(\frac{2\xi}{g\varepsilon_{cu}}\times\frac{f'_{sd}}{E_s}+\frac{1-2\xi}{g}\right)\leqslant\pi$$

$$\theta_{st}=\cos^{-1}\left(-\frac{2\xi}{g\varepsilon_{cu}}\times\frac{f_{sd}}{E_s}+\frac{1-2\xi}{g}\right)\leqslant\pi$$

ξ——计算截面的实际受压区高度 x_0 与圆形截面直径之比；

$$\xi=\frac{x_0}{2r}$$

θ_c ——与矩形应力分布高度 x 相应的截面受压面积所对的圆心角之半；

θ_{sc} ——由周边均匀配置的纵向钢筋变换的薄壁钢环，在压塑区起点所对的圆心角之半；

θ_{st} ——计算截面的薄壁钢环拉塑区起点所对的圆心角之半；

β——截面受压区矩形应力分布高度 x 与实际受压区高度的比值；

$$\beta=x/x_0$$

当 $\xi=1.0$ 时，取 $\beta=0.8$；当 $1.0<\xi\leqslant1.5$ 时，取 $\beta=1.067-0.267\xi$；

ε_{cu} ——混凝土的极限压应变，取 $\varepsilon_{cu}=0.0033$。

? 问题 10-22

[10.4]矩形、T 形和工字形截面的钢筋混凝土受弯构件，其最大裂缝宽度(mm)如何计算?

回答

其最大裂缝宽度(mm)可按下式计算：

$$\delta_{fmax}=C_1C_2C_3\frac{\sigma_g}{E_g}\frac{30+d}{0.28+10\mu} \tag{10-25}$$

式中：C_1 ——考虑钢筋表面形状的系数，对于光面钢筋 $C_1=1.4$，对于螺纹钢筋 $C_1=1.0$；

C_2 ——考虑荷载作用的系数，短期静荷载（不考虑冲击荷载）的作用时，$C_2=1.0$；长期荷载作用时，$C_2=1+0.5\frac{M_0}{M}$；

M_0 ——荷载组合Ⅰ的长期荷载作用下的弯矩；

M——荷载组合Ⅰ的全部使用荷载作用下的弯矩；

C_3 ——与构件形式相关的系数，当为板式受弯构件时，$C_3=1.15$；当为具有腹板的受弯构件时，$C_3=1.0$；

d——纵向受拉钢筋（A_g）的直径（mm）；当用不同的直径的钢筋时，采用换算直径，$d=\frac{A_g}{s}$（s 为纵向受拉钢筋的总周长）；当使用钢筋束时，取用一束钢筋截面换算为一根钢筋的换算直径；

μ——含筋率；

$$\mu=\frac{A_g}{bh_0+(b_i-b)h_i}$$

当 μ 大于 0.02 时，取 μ=0.02；当小于 0.06 时，取 μ=0.06；

b_i ——受拉翼缘宽度；

h_i ——受拉翼缘厚度；

h_0——受压边缘到受拉钢筋重心的距离；

σ_g ——受拉钢筋在使用荷载作用下的应力，可按下式计算：

$$\sigma_g=\frac{M}{0.87A_gh_0}$$

E_g——钢筋的弹性模量。

11 隧道洞门与洞口构造物设计

问题 11-1

[11.2.2]重力式洞门和轻型钢筋混凝土洞门各有什么特点？

回答

重力式洞门有支挡效果好、取材方便、施工简易、适用范围广等优点，但对地基承载力要求较高；轻型钢筋混凝土洞门具有重量轻、整体性好、适应性强等优点，但施工时工序相对复杂，模板及钢筋用量大。

问题 11-2

[11.2.3]削竹式、喇叭式洞门有何特点？

回答

削竹式、喇叭式洞门简约、自然，与自然环境契合度高，能较好地体现“隧道洞门及洞口构造物设计应与自然环境相协调，力求工程创面小，避免过多人工装饰，减少人工痕迹，尽可能保护和最大限度恢复原地形地貌”的原则。因此，在地形地质条件允许下，宜优先选择这两种洞门形式。

问题 11-3

[11.2.4]洞门与仰坡之间的排水沟设置于回填土上时，有何具体要求？

回答

设置于回填土上的排水沟（图11-1），由于回填土密实度的影响，在运营期间经常发生排水沟开裂病害，使地表水下渗至洞门墙背，严重影响洞门安全，因此，填土压实度通常要求不小于90％。

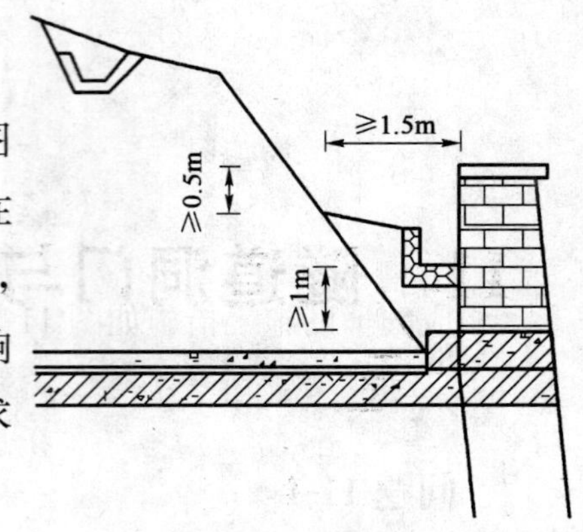

图11-1　仰坡与洞门构造距离示意图

问题11-4

[11.2.6]为什么要控制成洞面边仰坡高度（洞顶以上）不超过3～5m？

回答

增加边仰坡高度虽然能够在一定程度上缩短隧道的洞身长度，但会造成较大环境破坏和成洞面的失稳。根据工程经验，成洞面的边仰坡高度控制在不超过3～5m较为合适。当洞口地形陡峻时，提倡边仰坡零高度进洞和贴壁进洞。

问题11-5

[11.2.6]成洞面的坡度如何确定？必要的防护措施有哪些？

回答

成洞面的坡度主要根据工程地质和水文地质情况确定，目的是保证成洞面施工的稳定。对土质仰坡，洞底至洞顶部分一般采用1∶0.5～1∶0.25，洞顶至地表部分采用1∶0.5～1∶1；对岩质仰坡，洞底至洞顶部分一般采用1∶0.2～1∶0.3，洞顶至地表部分采用1∶0.25～1∶0.5。

成洞面的防护措施通常采用锚杆、钢筋网及喷射混凝土，施工时应预留排水孔。

问题 11-6

[11.2.7]隧道进洞方式有多种，相应的辅助施工措施有哪些？

回答

相应的辅助施工措施如图 11-2～图 11-8 所示。

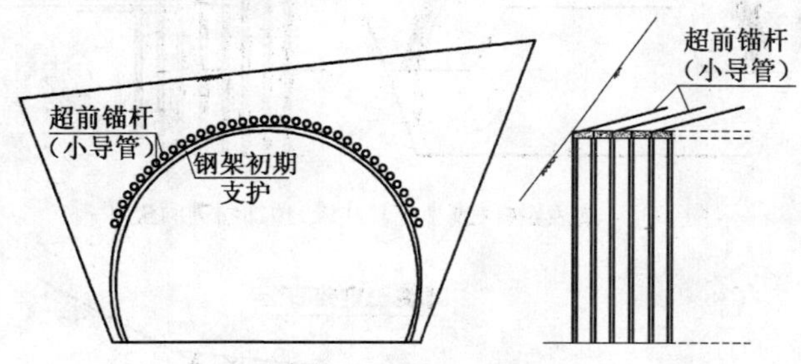

图 11-2 贴壁进洞法

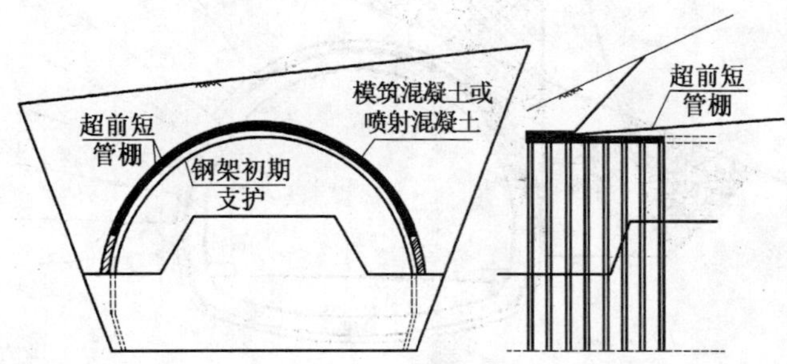

图 11-3 套拱加短管棚进洞法

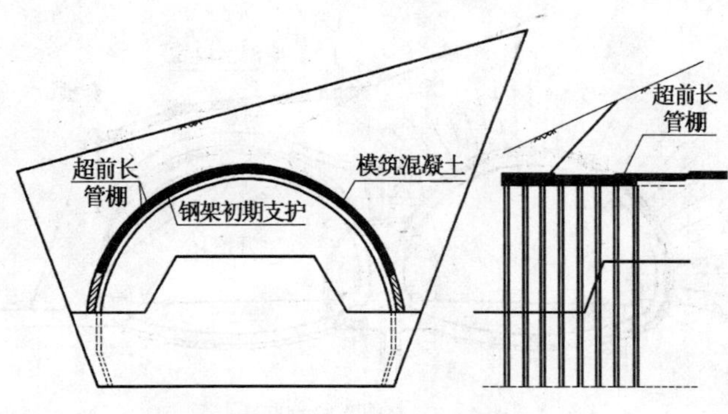

图 11-4 套拱加长管棚进洞法

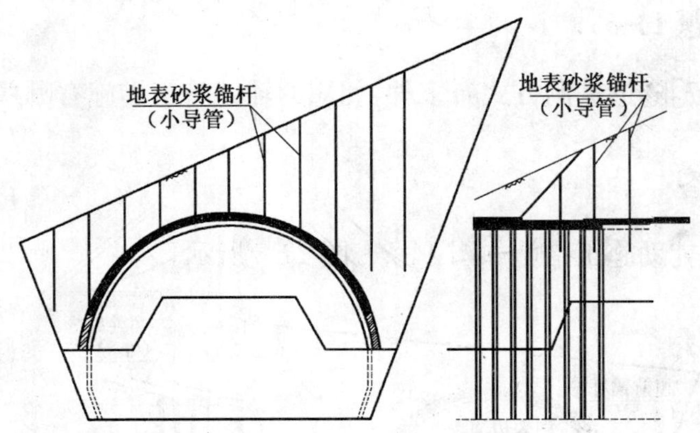

图 11-5　地表锚杆(或小导管注浆)预加固进洞法

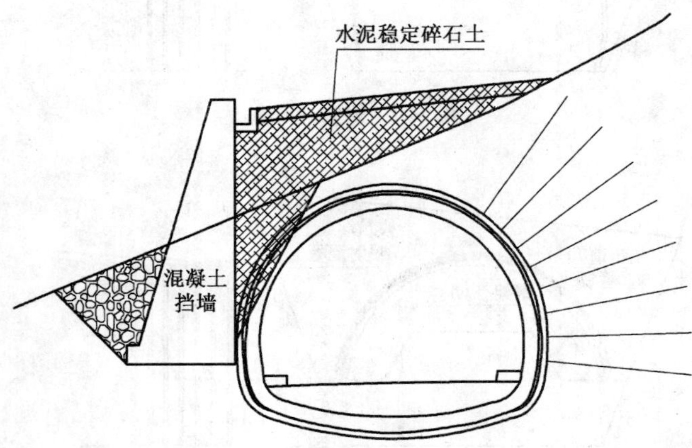

图 11-6　回填暗挖进洞法

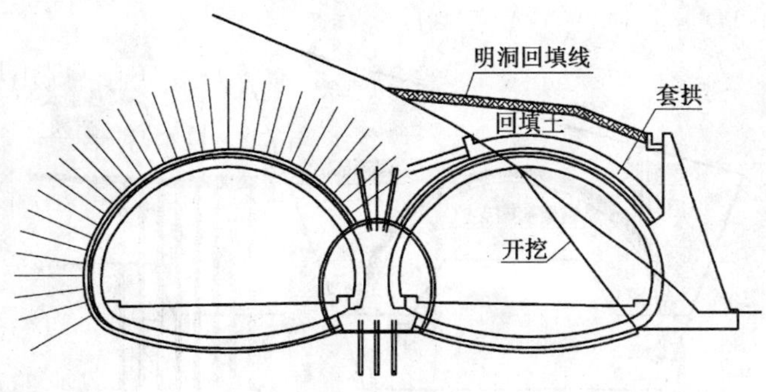

图 11-7　半明半暗进洞法

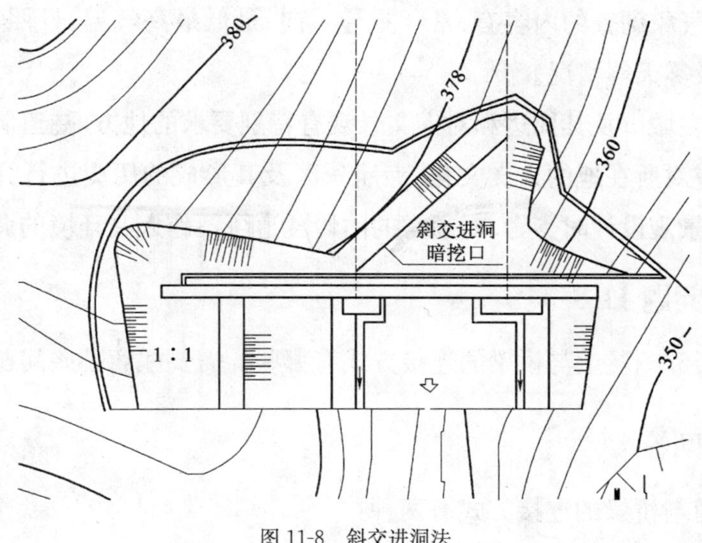

图 11-8　斜交进洞法

问题 11-7

[11.4.2]洞口景观设计前需进行必要的环境调查,有哪些注意事项?

回答

(1)洞口地理位置的不同对其景观设计有较大的影响,沿海、内陆、山地、平原以及洞口朝向等对洞口的天空亮度及常年主导自然风向都有着较大的影响,这些是洞口景观设计的重要影响因素之一。

(2)洞口的地形调查应掌握洞口所处的地形是属于山鼻、山凹、台地、沟底等哪一类型的地形,使景观设计与周边的地形紧密结合。洞口的地质调查应结合钻探详细了解洞口的岩性、地下水、地基承载力和有无存在如滑坡等不良地质构造。

(3)应详细记录植被的种类、高矮、疏密程度等,测绘地表径流的流向和规模等,必要时应进行影像记录,以便为景观设计提供施工前的原地貌情况。

(4)气象调查的内容有:常年主导风向、最低最高气温、日照、年降雨情况以及雾天等情况。

(5)在城市及其周边和对人文景观有特别要求的地方,隧道洞口的景观调查应对所在地的人文文化、寺庙景区及其形成的历史进行详细的调查,以便景观设计时参考;对通常的山岭隧道可不作人文环境的调查。

? 问题 11-8

[11.5.6]隧道与桥梁的连接方式有哪些?需要注意哪些问题?

回答

隧道与桥梁的连接方式有两种:

(1)桥隧相叠,即桥梁伸入隧道洞内,桥台也设于洞内。

(2)桥隧相接,桥梁在洞外,且洞门与桥台尾部紧邻(间距<10m)。

当桥梁伸入隧道时,隧道的内轮廓应考虑维修必要的空间,如人员机具通道、施工操作的必要空间,其大小与桥梁类型有着直接的关系,设计时应与桥梁设计人员共同协商。

当桥梁与隧道路面宽度不同时,为了改善行车的舒适性,建议变宽过渡段可在洞外桥梁行车道上采用画线或隔离的方法完成。

桥隧相接带来的是隧道与桥台的施工相互干扰,洞门与桥台形式的选择相互影响,施工工序相互交替,因此要求设计时应综合考虑地形、桥梁类型、洞门形式及施工方法。

12 明 洞 设 计

问题 12-1

[12.1]在什么情况下应设置明洞衬砌?

回答

下列情况应设置明洞衬砌:

(1)洞顶覆盖层薄,不宜大开挖修建路堑,并难以用暗挖法修建隧道的地段。

(2)路基或隧道洞口受边、仰坡塌方、岩堆、落石、泥石流等不良地质危害,修建路堑会危及附近重要建筑物安全的地段。

(3)铁路、公路、沟渠和其他人工构造物必须在隧道上方通过,不宜采用暗洞或立交桥涵跨越时。

(4)为了保护洞口自然景观而延伸隧道长度时。

问题 12-2

[12.1.1]连拱隧道半明洞通常在什么地质条件下采用?其施工顺序是什么?

回答

连拱隧道半明洞通常用在进口自然边坡较稳定、内侧地质较好处。

为避免内侧施工爆破对外侧明洞的影响,施工顺序可按先施工内侧暗洞考虑，其施工顺序为：开挖中导洞及浇筑中隔墙→内侧暗洞超前支护→内侧暗洞开挖及其初期支护（围岩较好时可采用上下台阶施工，围岩较差时宜采用侧壁导坑法）→分步施工外侧明洞（开挖按上下台阶留核心土）→浇筑内侧暗洞二次衬砌→外侧明洞顶回填。若内侧地质较差不需爆破，则应优先施作外侧明洞，后施工暗洞。

问题 12-3

［12.2.1］拱形明洞和棚洞形明洞各自的适用条件是什么？

回答

（1）拱形明洞依据结构的受力特点可分为路堑对称型、路堑偏压型，如图 12-1 所示。路堑对称型明洞适用于洞顶地形相对平缓地段；路堑偏压型明洞适用于洞顶地形较陡，路堑边坡一侧按永久性防护开挖量大或稳定性差的地段。

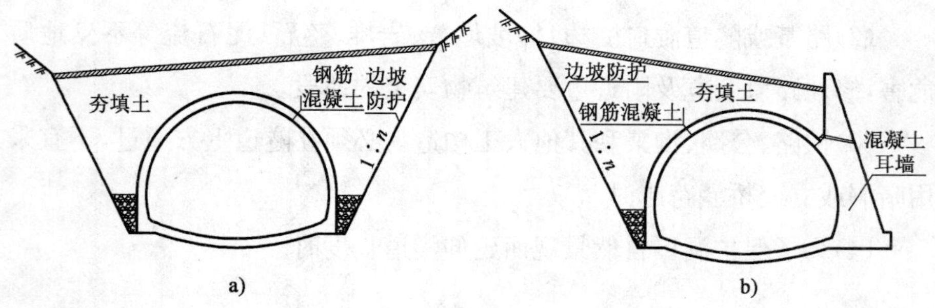

图 12-1　拱形明洞结构示意图
a）路堑对称型；b）路堑偏压型

（2）棚洞形明洞依据结构形状可分为箱形棚洞、刚架式棚洞、墙式棚洞、柱式棚洞及异形棚洞，如图 12-2 所示。箱形棚洞适用于建筑高度受到限制，且内外侧基底地层差别较大的地段；刚架式、柱式棚洞适用于外侧地基为坚固稳定的岩层地段，其抗震性能较好，但施工较复杂；墙式棚洞适用于外侧地基承载力较低的稳定土层或岩层，施工工艺简单。

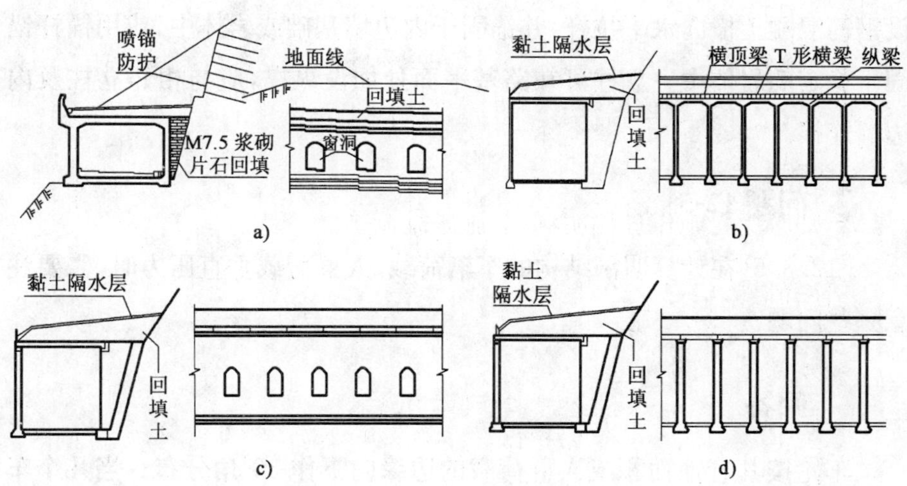

图 12-2 棚洞结构示意图
a)箱形棚洞;b)刚架式棚洞;c)墙式棚洞;d)柱式棚洞

问题 12-4

[12.2.2]明洞基础设计应符合哪些规定?

回答

明洞基础设计应符合下列规定:

(1)明洞基础应置于稳固地基上,基础底高程不应高于侧沟沟底高程,或路面基层高程。

(2)当基岩埋深较浅时,基础可置于基岩上;当基础位于软弱地基上时,可采用仰拱、整体式钢筋混凝土底板,也可采用桩基、扩大基础、基础加深和置换等地基加固处理措施,通常宜优先采用置换法。

(3)外墙基础趾部应保证一定的嵌入基岩深度和护基宽度。在冻胀性土上设置明洞基础时,基底埋置深度应不小于冰冻线以下 25cm。当地基为斜坡地形时,地基可切割成台阶。

(4)当地基外侧受水流冲刷影响时,应采取加固和防护措施。

(5)路堑偏压明洞外墙基础深度超过路面以下 3.0m 时,宜在路面下设钢筋混凝土横向水平拉杆，并锚固于内边墙基础或岩体中，或用锚杆锚固于稳定的岩体中。立柱可在路基平面处加设纵撑，应与相邻立柱及内边墙连接。

问题 12-5

[12.3.5]在计算明洞结构的车辆荷载、人群荷载垂直压力时，需要注意哪些问题？

回答

车轮按其着地面积或人群荷载的边缘向下作 30°角分布。当几个车轮的压力扩散线相重叠时，则扩散面积以最外边的扩散线为准。当填土高度大于或等于 4m 时，亦可按半无限弹性体理论计算。

问题 12-6

[12.3.5]在计算明洞结构的车辆荷载冲击力时，冲击系数 μ 与结构基频 f(Hz)相关，那么结构基频 f(Hz)如何计算？

回答

结构基频 F(Hz)可按下式计算：

$$F=\frac{\omega_1}{2\pi l^2}\sqrt{\frac{EI_c}{m_c}} \tag{12-1}$$

当截面为等截面时

$$\omega_1=105\times\frac{5.4+50f^2}{16.45+334f^2+1867f^4}$$

当截面为变截面时

$$\omega_1=105\times\frac{r_1+r_2f^2}{r_3+r_4f^2+r_5f^4}$$

$$r_i=R_i\times n+T_i$$

式中：F——结构的基频(Hz)；

ω_1——频率系数；

f——隧道矢跨比；

n——拱圈变化系数；

R_i、T_i——数值由表 12-1 查得。

系数 R_i、T_i 值 表 12-1

i	1	2	3	4	5
R_i	3.7	34.3	16.3	364	1955
T_i	1.7	15.7	0.15	−30	−88

问题 12-7

[12.3.6]明洞位于曲线上时，列车活载产生的离心力如何计算？

回答

明洞位于曲线上时，列车活载产生的离心力作用于两轨顶连接线的垂直平分线上，距轨顶以上 2m 处；离心力的大小等于竖向静活载乘以离心力率 C。C 值按下式计算：

$$C=\frac{v^2}{127R}\leqslant 15\% \tag{12-2}$$

式中：v——最大限制行车速度(km/h)；

R——曲线半径(m)。

问题 12-8

[12.3]落石嵌入回填土内的最大深度如何计算？

回答

落石嵌入回填土内的最大深度按下式计算：

$$\chi = v_0\sqrt{\frac{Q}{2g\gamma F}} \times \sqrt{\frac{1}{2\tan^4\left(45^\circ + \frac{\varphi}{2}\right) - 1}} \tag{12-3}$$

式中：χ——落石嵌入回填土内的最大深度(m)；

φ——回填土的计算内摩擦角(°)；

F——落石嵌入回填土部分的表面，在垂直于冲击方向的平面上的投影面积(m^2)；假设石块为半径等于 R 的球形，则：

当 $0 < \chi < R$ 时：$F = \pi\chi(2R - \chi)$

当 $\chi \geqslant R$ 时：$F = \pi R^2$

Q——落石重力(kN)；

g——重力加速度，取 9.81m/s^2；

γ——落石的重度(kN/m^3)。

问题 12-9

[12.3]落石冲击强度如何计算？

回答

可假定受冲击的不利位置在拱顶正上方填土面上，并按下式计算落石冲击强度：

$$q = \frac{P}{\pi(R + h_0\tan\varepsilon)^2} \tag{12-4}$$

式中：R——球形石块半径(m)；

ε——石块冲击的分布角(°)，可按与垂线约成40°角计算；

h_0——缓冲层最小计算厚度(m)；如图12-3所示。

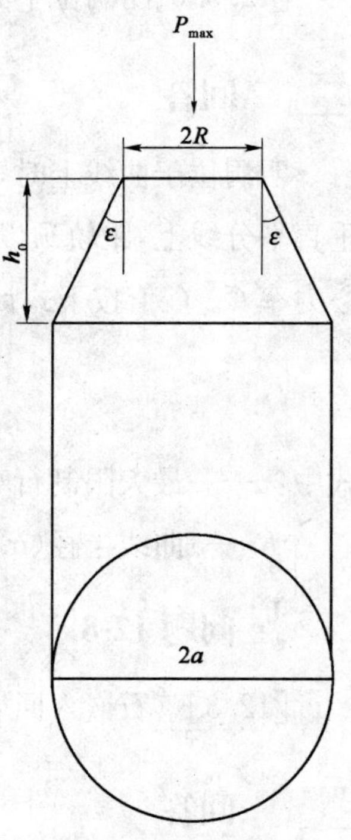

图 12-3 缓冲层最小计算厚度

当 $\chi < R$ 时：$h_0 = h - \chi$

当 $\chi > R$ 时：$h_0 = h + R - \chi$

根据一些研究资料，缓冲层最小计算厚度可参考表 12-2 取值。

缓冲层最小计算厚度参考值表 表 12-2

石块体积(m^3)	最小计算厚度 h_0(m)	石块体积(m^3)	最小计算厚度 h_0(m)
0.25	1.5	0.75	2.0～2.25
0.50	1.5～2.0	1.00	2.25～2.5

问题 12-10

关于明洞开挖，有哪些具体规定？

回答

(1)明洞开挖前应做好全部临时排水系统。

(2)开挖方法可分为全部明挖一次衬砌法、上部明挖先拱后墙法、部分明挖拱墙交替法。

明洞原则上应采用全部开挖一次衬砌法，通常只在地形、地质复杂特殊地段并经特殊的施工工序设计方可采用其他方法。全部明挖一次衬砌法适用于埋置深度较浅，边仰坡开挖后能暂时稳定，或已建路堑中增建明洞地段。上部明挖先拱后墙法适用于明洞位于岩层破碎，全部明挖可能引起坍塌，但拱脚岩层承载力较好，能保证拱圈稳定的地段。部分明挖拱墙交替法适用于半路堑、原地面边坡陡峻，由于地形限制不能先做拱圈；或由于外侧地层松软，先做拱圈可能发生较大沉降，先墙后拱也有困难时。

(3)开挖临时边坡离明洞立模的最小净距不宜小于 0.5m，开挖后应立即核实其基础承载力是否达到设计要求。

问题 12-11

关于明洞边仰坡设计，一般规定有哪些？

回答

(1)边仰坡应根据当地气候、水文、地形、地质条件及筑路材料分布情况,采取工程防护和植物防护相结合的综合措施,保证其稳定并与周围环境景观相协调。

(2)边仰坡防护工程应在稳定的坡面上设置,防护类型的选择应综合考虑工程地质、水文地质、边坡高度、环境条件、施工条件和工期等因素的影响。对稳定性不足和存在不良地质因素的路段,应注意边坡防护与支挡加固的综合设计。

(3)边仰坡支挡结构设计应满足在各种设计荷载组合下支挡结构的稳定、坚固和耐久。结构类型选择及设置位置的确定应安全可靠、经济合理、便于施工养护;结构材料应符合耐久、耐腐蚀的要求。

(4)在地下水较为发育路段,应注意边仰坡防护与地下排水措施的综合设计。

(5)防护支挡结构应与洞门、既有支挡结构物协调配合,衔接平顺。

(6)边仰坡临时防护工程应与永久防护工程相结合。

问题 12-12

明洞边仰坡坡率及防护形式如何确定?

回答

明洞边仰坡坡率及防护形式应根据工程地质与水文地质条件、边仰坡高度、排水措施、施工方法,并结合自然稳定山坡和人工边坡的调查及力学分析综合确定。

(1)土质边仰坡高度 $H \leqslant 20$m 时,边仰坡坡率不宜陡于表 12-3 的规定;边仰坡高度 $H > 8$m 时,应增设边坡平台,平台宽度不宜小于 2m。

土质边仰坡坡率一览表 表 12-3

土的类别			边仰坡坡率
黏土、粉质黏土、塑性指数大于 3 的粉土			1∶1
中密以上的中砂、粗砂、砾砂			1∶1.5
卵石土、碎石土、圆砾土、角砾土	胶结和密实		1∶0.75
	中密		1∶1
红黏土、高液限土	$H<6$m		1∶1.25～1∶1.5
	$H=6～10$m		1∶1.25～1∶1.5
	$H=10～20$m		1∶1.5～1∶1.75
膨胀土	弱	$H<6$m	1∶1.5
		$H=6～10$m	1∶1.5～1∶2
	中等	$H<6$m	1∶1.5～1∶1.75
		$H=6～10$m	1∶1.75～1∶2
	强	$H<6$m	1∶1.75～1∶2
		$H=6～10$m	1∶2～1∶2.5

(2)岩质边仰坡高度 $H\leqslant30$m 时，无外倾斜软弱结构面的边仰坡坡率可参照表 12-4、表 12-5 确定。

岩质边仰坡坡率一览表 表 12-4

岩体类型	边仰坡坡率	
	$H<15$m	$15\text{m}\leqslant H<30$m
Ⅰ	1∶0.1～1∶0.3	1∶0.1～1∶0.3
	1∶0.1～1∶0.3	1∶0.3～1∶0.5
Ⅱ	1∶0.1～1∶0.3	1∶0.3～1∶0.5
	1∶0.3～1∶0.5	1∶0.5～1∶0.75
Ⅲ	1∶0.3～1∶0.5	
	1∶0.5～1∶0.75	
Ⅳ	1∶0.5～1∶1	
	1∶0.75～1∶1	

注：1. 有可靠的资料和经验时，可不受本表限制。

2. Ⅳ类强风化包括各类风化程度的极软岩。

岩质边仰坡的岩体分类 表 12-5

判定条件 岩体类型	岩体完整程度	结构面产状	直立边仰坡自稳能力
I	完整	外倾结构面或外倾不同结构面的组合线倾角大于 75°或小于 35°	30m 高边仰坡长期稳定,偶有掉块
II	完整	外倾结构面或外倾不同结构面的组合线倾角 35°～75°	15m 高的边仰坡稳定,15～30m 高的边仰坡欠稳定
	完整	外倾结构面或外倾不同结构面的组合线倾角大于 75°或小于 35°	
	较完整	外倾结构面或外倾不同结构面的组合线倾角小于 35°,有内倾结构面	边仰坡出现局部塌落
III	完整	外倾结构面或外倾不同结构面的组合线倾角 35°～75°	8m 高的边仰坡稳定,15m 高的边仰坡欠稳定
	较完整	外倾结构面或外倾不同结构面的组合线倾角 35°～75°	
	较完整	外倾结构面或外倾不同结构面的组合线倾角大于 75°或小于 35°	
	较完整	结构面无明显规律	
IV	较完整	外倾结构面以层面为主倾角多为 35°～75°	8m 高的边仰坡不稳定
	不完整 (散体、碎裂)		

注:1. 边仰坡岩体分类中未含由软弱结构面控制的边仰坡和倾倒崩塌型破坏的边仰坡。

2. I 类岩体分类为软岩时,应降为 II 类岩体。

3. 当地下水发育时,II、III 类岩体可视具体情况降低一档。

4. 强风化岩和极软岩体划为 IV 类岩体。

5. 表中外倾结构面系指倾向与坡向的夹角小于 30°的结构面。

(3)边仰坡的防护形式在回填土以下地段应以锚杆挂网喷浆形式为主,在回填土以上地段应以植物防护为主。

13 隧道衬砌设计

问题 13-1

［13.2］整体现浇衬砌结构计算应符合哪些规定？

回答

(1)隧道结构应按破损阶段法验算构件截面的强度，能安全可靠地承受地层压力等荷载的作用。有结构抗裂要求时，对混凝土构件应进行抗裂验算，对钢筋混凝土构件应验算其裂缝宽度。

(2)衬砌的内力和变形计算：

①应考虑弹性抗力，体现围岩对衬砌变形的约束作用。

②计算带仰拱的衬砌：当先施作仰拱后建边墙时，应考虑仰拱对结构内力的影响；当仰拱在边墙之后施作时，则可不考虑。

③验算构件截面的强度时，应根据不同的荷载组合，分别采用不同的安全系数。

④应保证结构在变形后仍满足净空要求。

问题 13-2

［13.3.1、13.3.2］在采用喷锚衬砌时，需要注意哪些问题？

回答

(1)喷锚衬砌是一种能充分利用和发挥围岩自承自稳能力的衬砌形

式，具有衬砌及时、柔性、紧贴围岩、与围岩共同变形等特点。在受力条件上，整体现浇衬砌优越，对加快施工进度、节约劳动力及原材料、降低工程成本等效果显著，能保证围岩的长期稳定。

(2)由于喷锚衬砌结构的刚度较小，在围岩自稳能力较差的 IV～VI 级围岩中，稳定性和防止地下水侵蚀方面经验还不多，材料及施工工艺还有待进一步提高，不宜单独采用喷锚支护作为永久衬砌。安全等级为一级的隧道，一般也不宜采用喷锚衬砌。

(3)在隧道进出口段、浅埋段以及围岩条件较差的软弱围岩中，一般不直接使用喷锚支护作为衬砌结构。

? 问题 13-3

[13.4.1]单洞隧道复合式衬砌可分为哪两类？各自的适用条件是什么？

回答

一般单洞隧道复合式衬砌是由初期支护和二次衬砌及中间所夹的防水层组合而成的衬砌形式。根据二次衬砌在运营期间是否承受水压力，单拱隧道复合式衬砌结构可分为抗水压型和非抗水压型衬砌两种类型。目前山岭公路隧道一般均采用非抗水压型复合式衬砌，其二次衬砌不考虑水压力；对于穿越特殊地质地段的隧道，如通过水库底、岩溶发育区、地下水需保护区等，必须采取注浆堵水措施，二次衬砌应考虑承受水压力。这两种类型衬砌结构的设计原则与支护参数有所不同。

? 问题 13-4

[13.7.7]对于抗水压复合式衬砌，防止防水混凝土产生裂缝的方法有哪些？

回答

防止防水混凝土产生裂缝可采取以下方法：

(1)降低水化热法。掺加粉煤灰以降低水泥用量；采用低水化热水泥；添加膨胀剂以减少混凝土收缩；夏季采用降温措施降低混凝土的拌和温度。

(2)分散应力法。将全断面整体衬砌改为分部(先墙后拱)衬砌，这样，一方面可以使水化热散失一部分，另一方面使衬砌混凝土有沉缩变形的余地(虽然消除了混凝土裂缝，但在拱墙接触处却形成了水平施工缝，需做专门防水处理。同时，该法亦不适应于机械化快速施工)。

(3)消除约束法。消除一次支护表面对二次衬砌的约束力。大量实践证明，对隧道衬砌来说，外部约束(即一次支护表面对二次衬砌的约束)是主要的。消除约束法就是在一次支护与二次衬砌之间设隔离层，以消除外部约束应力。在大瑶山隧道、军都山隧道曾采用局部喷射低强度等级砂浆或局部铺贴塑料板等措施，但收效均不大，而这两座隧道所有铺设塑料板地段基本上消除了混凝土衬砌裂缝。

(4)采用新型的纤维混凝土，利用纤维混凝土的抗裂、抗渗性能提高衬砌的防水能力。

问题 13-5

[13.8.1]影响公路隧道衬砌结构耐久性的因素有哪些？

回答

影响公路隧道衬砌结构耐久性的主要因素就是结构物所处的环境，包括结构使用过程中受水分、冰冻、空气及其污染物(盐雾、二氧化硫、超常浓度二氧化碳、汽车尾气)等大气作用；所接触的土体与水体中含有氯盐、硫酸盐、碳酸等物质的化学与物理作用，以及除冰盐对寒冷地区公路混凝土结构的腐蚀作用；其他对混凝土耐久性产生影响的因素，如疲劳荷载、振动等力学作用;生物、辐射及电磁作用(《细则》暂不涉及)。

问题 13-6

[13.9]支护结构钢筋混凝土构件中,钢筋的弯起及锚固应符合哪些规定?

回答

钢筋的弯起及锚固应符合下列规定:

(1)钢筋的弯起如图 13-1 所示。

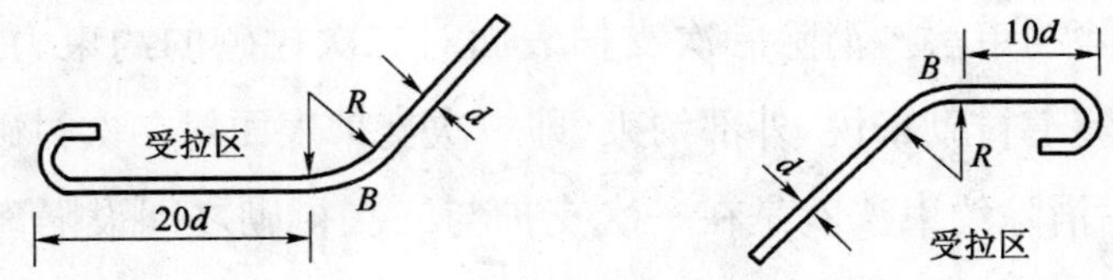

图 13-1　弯起钢筋端部构造

(2)纵向受力钢筋弯起时,弯起钢筋的弯终点处应留有锚固长度。该长度在受拉区不应小于 $20d$,在受压不应小于 $10d$。光圆钢筋在端部尚应设弯钩。位于梁侧底部的钢筋不应弯起。弯起钢筋的弯起角,对于梁宜取 45°或 60°;对于板不宜小于 30°。对于弯起钢筋最小弯曲半径 R,钢筋为 HPB235 时为 $10d$,钢筋为 HRB335 时为 $12d$(d 为钢筋直径)。

(3)钢筋的锚固长度应符合表 13-1 的规定。

钢筋的锚固长度　　表 13-1

锚固条件＼钢筋类别		R235 光圆钢筋	HRB335 螺纹钢筋
受压钢筋自不受力处算起的锚固长度	⩾$30d$	不设弯钩	—
	<$30d$	$10d$ 加直钩	—
	⩾$20d$	—	不设弯钩
	<$20d$	—	$10d$ 加直钩
受拉构件的钢筋按黏结力计算的锚固长度	在无横向压力区域	$30d$ 加半圆钩	$20d$ 加直钩
	在有横向压力区域	$15d$ 加半圆钩	$10d$ 加直钩

续上表

钢筋类别 锚固条件		R235 光圆钢筋	HRB335 螺纹钢筋
受弯构件、偏心受压构件的受拉钢筋自不受力处算起的锚固长度	在受压区	10d 加直钩	10d 不设弯钩
	在受压区 （在困难情况下）	20d 加半圆钩	20d 加直钩
弯起钢筋伸到受压区的长度	≥20d	不设与纵筋平行的直段，端部采用直钩	不设与纵筋平行的直段，且不设弯钩
	<20d	设与纵筋平行长度为 10d 的直段，并加直钩	设与纵筋平行长度为 15d 的直段，且不设弯钩

问题 13-7

[13.9]支护结构轴心受压构件的配筋构造应符合哪些规定？

回答

轴心受压构件的配筋构造应符合下列规定：

(1)仅受轴心压力并配有纵筋及一般箍筋的构件：

①纵筋截面积不应小于构件截面积的 0.5%，也不宜大于 3%。

②纵筋的直径不宜小于 12mm。

③箍筋的间距不应超过纵筋直径的 15 倍，也不应大于构件横截面的最小尺寸。

④箍筋的直径不应小于纵筋直径的 1/4，也不应小于 6mm。

(2)当采用螺纹钢筋时：

①纵筋的截面积不应小于螺旋圈内核心面积的 0.6%。

②核心截面积不应小于构件截面积的 2/3。

③螺纹钢筋的螺纹应大于核心直径的 1/5，同时也不应大于 80mm。

④螺纹钢筋换算截面不应小于纵筋的截面积，同时也不应超过该截面积的 3 倍。

⑤纵筋截面积与螺纹钢筋换算截面积之和不应小于该截面积的10%。

问题 13-8

[13.9]对于支护结构构件,关于钢筋焊接有哪些规定?

回答

直径大于25mm的光圆钢筋以及所有螺纹钢筋的接头均应采用焊接;直径较小截面的光圆钢筋可以采用搭接,此时钢筋端部应弯成半圆形弯钩,两钩切点间的距离对受拉钢筋不得小于30d,对受压钢筋不得小于20d,在搭接范围内应用铁丝捆扎。焊接接头的抗拉强度不应低于钢筋本身的强度。

问题 13-9

[13.9]对于支护结构构件,钢筋直径和间距应符合哪些规定?

回答

钢筋直径和间距应符合表13-2～表13-4的要求。

柱中钢筋的直径和间距(mm)　　表13-2

类别	直径 d	间距 a
纵向受力钢筋(主筋)	$d \geqslant 12$mm	净距≥50mm,中距≤350mm
箍筋	$d \geqslant 6$mm; $d \geqslant d_1/4$(d_1 为主筋中的最大直径); 纵向钢筋配筋率>3%时,$d \geqslant 8$mm	$a \leqslant 400$mm;$a\leqslant$截面的短边尺寸;$a \leqslant 15d$(绑扎骨架中)或$\leqslant 20d_2$(焊接骨架中)(d_2 为纵筋中的最小直径)。当搭接钢筋为受压时,$a \leqslant 10d_3$(d_3 为主筋中最小直径),且≤200mm
构造钢筋	偏心受压柱,当截面高度 $h \geqslant 600$mm时,应在柱长边设置纵向构造钢筋,直径=10～16mm,间距≤500mm	

板中钢筋的直径和间距(mm) 表 13-3

类 别	直 径 d	间 距 a
纵向受力钢筋（主筋）	受力钢筋常用 6mm、8mm、10mm	板厚 $h \leqslant 150$mm 时，$a \leqslant 200$mm；$h > 150$mm 时，$a \leqslant 1.5h$，且不应大于 300mm
构造钢筋	分布钢筋常用≥6mm，间距≤200mm	

梁中钢筋的直径和间距(mm) 表 13-4

类 别	直 径 d	间 距 a
纵向受力钢筋（主筋）	梁高 $h < 300$mm 时，$d \geqslant 6$mm；$h \geqslant 300$mm 时，$d \geqslant 10$mm	净距 $\geqslant d$，同时下部钢筋≥25mm，上部钢筋≥30mm。下部钢筋多于两排时，其横向中距应是下面两排中距的 2 倍
箍筋	梁高 $h < 250$mm 时，$d \geqslant 4$mm；250mm $< h \leqslant$ 800mm 时，$d \geqslant 6$mm；$h >$ 800m，时，$d \geqslant 8$mm；配有计算的受压钢筋时，$d \geqslant d_s/4$（d_s 为受压钢筋中的最大直径）	梁高 150mm $< h \leqslant$ 300mm 时，$a =$ 150～200mm；300m $< h \leqslant$ 500mm 时，$a =$ 200～300mm；500mm $< h \leqslant$ 800mm 时，$a =$ 250～350mm；$h >$ 800mm 时，$a =$ 300～500mm。$V > 0.07 f_{cd} b h_0 + 0.05 N_{p0}$ 时，取小值；反之，取大值（V 为剪力设计值；N_{p0} 为混凝土法向预应力零时预应力钢筋及非预应力钢筋合力；f_{cd} 为混凝土轴心抗压强度设计值）
构造钢筋	(1)架立钢筋，梁跨 $l <$ 4m 时，$d \geqslant 6$mm；$l = 4$～6 时，$d \geqslant 8$mm，$l >$ 6m 时，$d \geqslant 10$mm；(2)梁侧构造钢筋及拉筋，梁高 $h >$ 700mm 时，在梁侧面沿高度每隔 300～400mm 应设一根直径≥10mm 的构造钢筋，并以拉筋联系；拉筋直径一般与箍筋同，间距 500～700mm，常为箍筋间距的倍数	

注：当按计算需设置弯起钢筋时，前一排（对支座而言）的弯起点至后一排的弯终点的距离不应大于表中 $V > 0.07 f_{cd} b h_0 + 0.05 N_{p0}$ 时的箍筋间距。

14 特殊地质隧道设计

问题 14-1

[14.1.4]常用滑坡防治措施具有哪些作用和特点?

回答

常用滑坡防治措施的作用和特点列于表 14-1。

常用滑坡防治措施的作用和特点　　表 14-1

防治方法	常用工程措施	作用	特点
排水	排水明沟、截水沟、浅埋渗沟	排出地表水	滑坡防治中的必要措施,需做好水文地质的勘察,了解水源和地下水的分布。一般排水工程还需与支挡工程相结合,才能稳定滑坡
	渗沟、渗水隧洞、水平钻孔、渗井、渗管	排出地下水	
改变滑坡形态	减载和反压	减少下滑力或增大抗滑力	操作简单,效果明显,但减载应避免引起新的滑坡,并保证减载边坡的稳定,弃土应集中堆放。反压必须在适合的位置。无论是减载还是反压,对山体扰动均较大,对环保不利
支挡工程	支撑渗沟	以支撑为主,兼排滑动带水和疏干附近滑体水	适用于滑体前部有地下水出露及滑体中地下水发育的地段,抗滑能力较小
	抗滑挡墙	抵挡滑坡传来的土压力	设计简单,但由于影响滑坡的因素很多,容易出现“越顶”和“坐船”的现象,挡墙设置的位置有一定的局限性

续上表

防治方法	常用工程措施	作　用	特　点
支挡工程	预应力锚索(杆)	通过预应力的施加，增加滑动的抗滑力	变形小、布置灵活、投资省，但锚固段应置于稳定的岩层且岩层适合于灌浆
	钢管桩	钻孔中插钢管并灌浆，以提高滑面抗剪能力	布置灵活，用钢量大
	抗滑桩	依靠桩的强度、滑面以下锚固部分桩周岩土的弹性抗力来平衡滑面以上滑体剩余下滑力，使滑坡保持稳定	可灵活选择桩位，既可单独使用又可与其他工程配合使用，施工方便，工作面多，挖方量小，工期短，收效快，对滑体扰动小，对整治运营线路上的滑坡和处于缓慢滑动阶段的滑坡特别有利，施工中如发现问题易于补救
改变土体性质	注浆	提高滑体的物理力学指标	布置灵活，用钢量较大，主要使用于中小型滑坡

? 问题 14-2

[14.1.4]滑坡地层隧道设计中，典型的排水措施设计方案有哪些(图示)?

回答

几种典型的排水措施设计方案如图 14-1～图 14-3 所示。

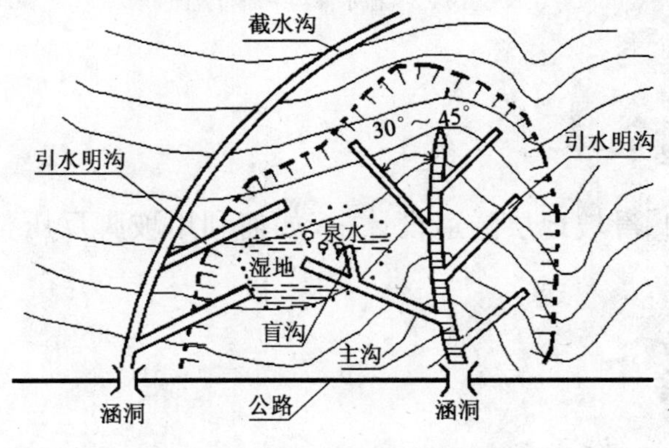

图 14-1　树枝状排水系统平面布置图

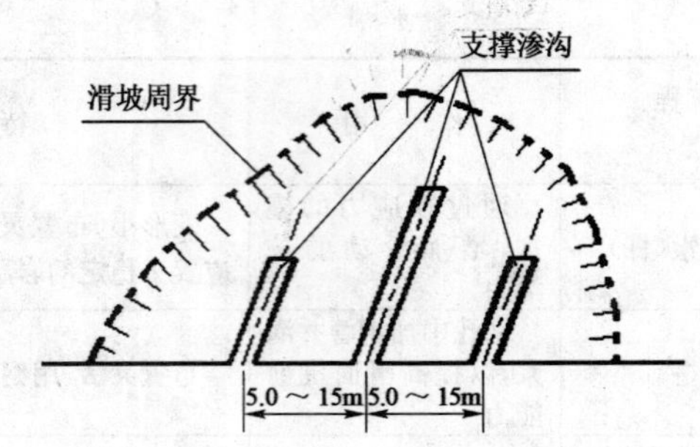

图 14-2　支撑渗沟平面布置图

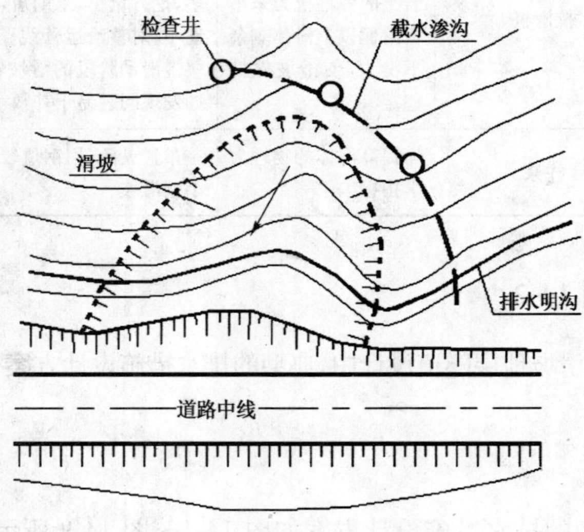

图 14-3　截水渗沟平面布置图

问题 14-3

[14.1.4]滑坡地层隧道设计中，如何利用坡脚反压整治洞口滑坡（图示）？

回答

坡脚反压整治洞口滑坡如图 14-4 所示。

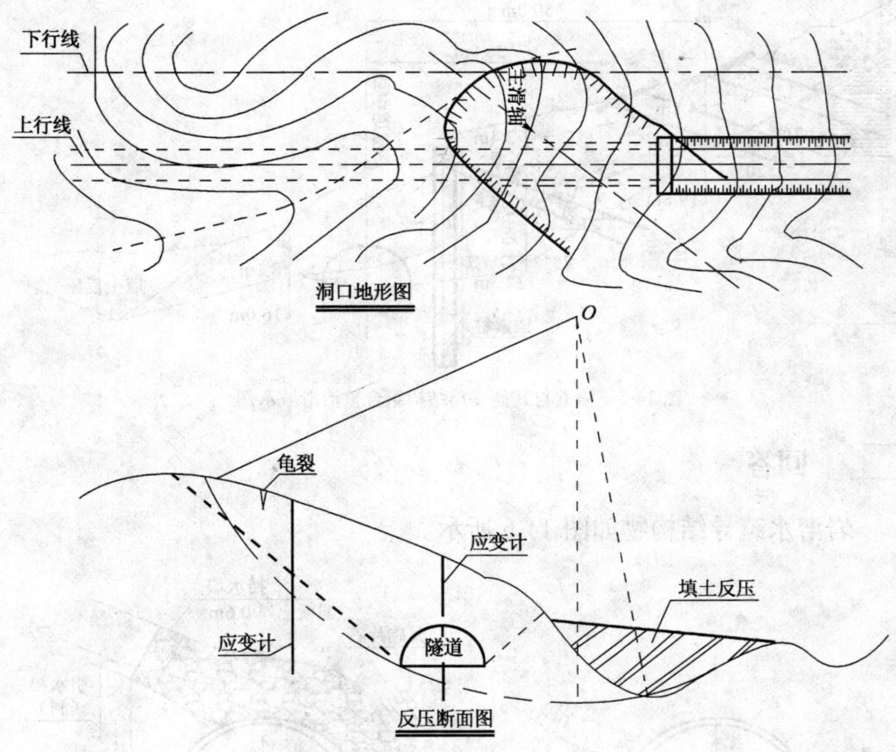

图 14-4 坡脚反压整治洞口滑坡

问题 14-4

[14.1.4]滑坡地层隧道设计中,如何利用锚索与其他支挡结构组合整治滑坡(图示)?

回答

锚索与其他支挡结构组合整治滑坡如图 14-5 所示。

问题 14-5

[4.2.6]岩溶地层隧道设计中,有哪些岩溶水疏导结构物(图示)?

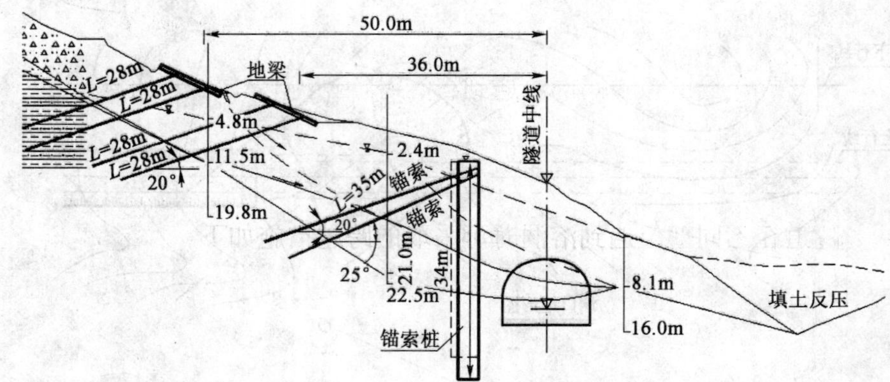

图 14-5　锚索与其他支挡结构组合整治滑坡示例

回答

岩溶水疏导结构物如图 14-6 所示。

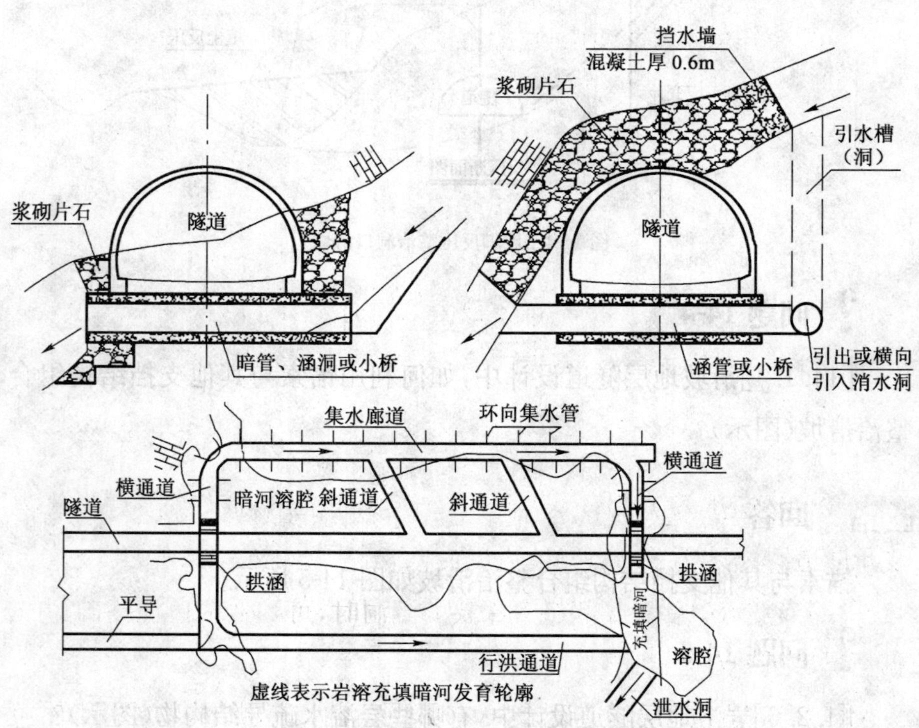

图 14-6　岩溶水疏导结构物

问题 14-6

[14.2.7]隧道在不同部位遇到溶洞时,可分别采取哪种跨越措施?

回答

隧道在不同部位遇到溶洞时可采取的跨越措施如下:

(1)当隧道一侧遇到狭长而较深的溶洞时,可加深该侧的边墙基础通过(图 14-7)。

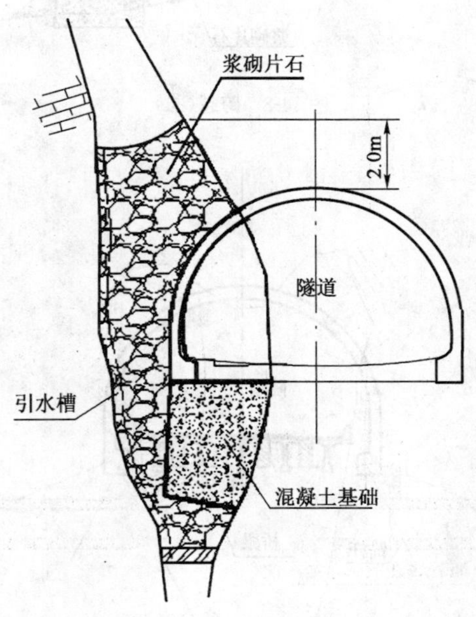

图 14-7 跨越(一)

(2)当隧道底部遇到较大溶洞并有流水时,可在隧底修筑支撑建筑物,支承隧道结构,并在支撑建筑物内设置涵管(洞)引排岩溶水(图 14-8)。

(3)当隧道中部及底部遇有深狭的溶洞时,可加强两边墙基础,并根据情况修筑桥台架梁通过(图 14-9)。

(4)当隧道边墙部分遇到较大、较深的溶洞,不宜加深边墙基础时,可在边墙部位或隧底修筑拱桥或托梁(板)跨越(图 14-10)。

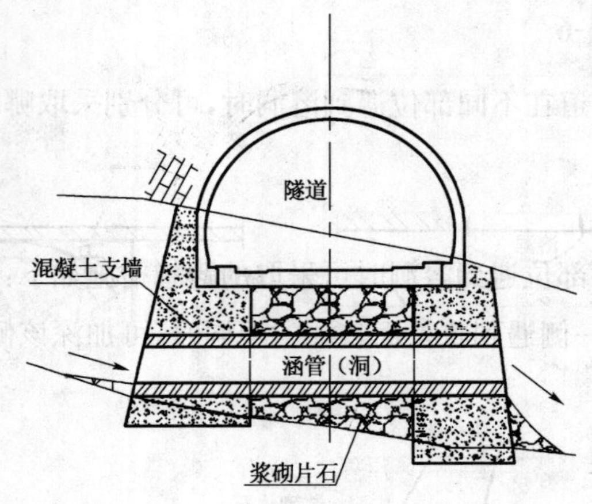

图 14-8 跨越（二）

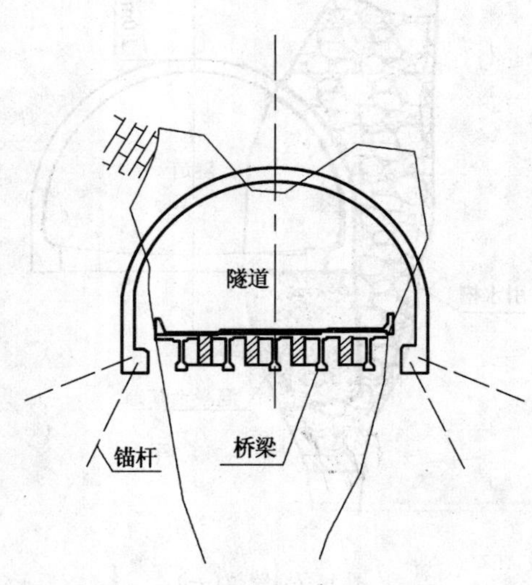

图 14-9 跨越（三）

(5)溶洞上大下小且有部分充填物时，可将隧道顶部的充填物清除，然后在隧道底部标高以下设置纵向托梁并修筑钢筋混凝土底板跨越(图 14-11)。

(6)溶洞处于隧道中部且隧底至溶洞顶部的安全厚度不足时，可在隧底以下修筑钢筋混凝土底板跨越。

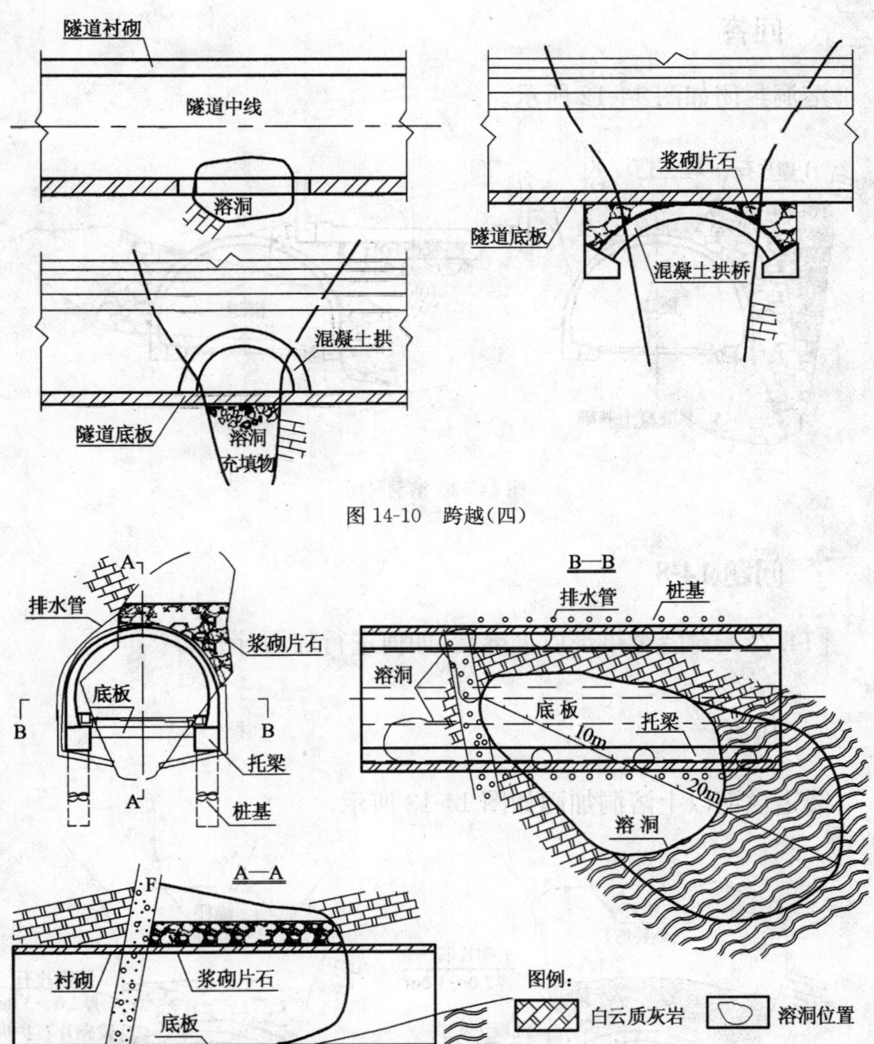

图 14-10 跨越(四)

图 14-11 跨越(五)

问题 14-7

[14.2.7]如何封闭已停止发育的中小溶洞(图示)?

回答

溶洞封闭如图 14-12 所示。

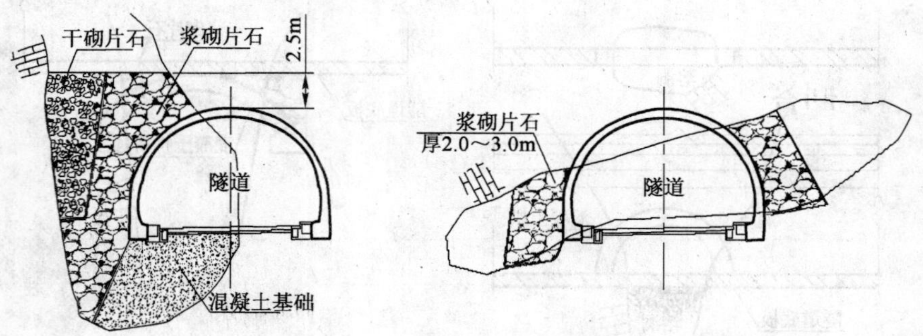

图 14-12　溶洞封闭

问题 14-8

[14.2.7]对隧道拱部以上溶洞,如何进行加固(图示)?

回答

隧道拱部以上溶洞加固如图 14-13 所示。

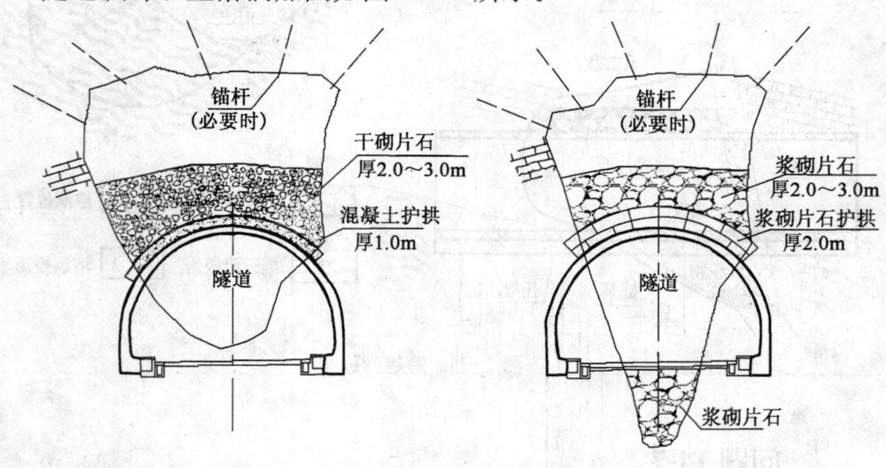

图 14-13　拱部以上溶洞加固

问题 14-9

[14.2.7]在隧道加固时,如何对天然溶洞的稳定性进行评价?

回答

天然溶洞的稳定性可参照表 14-2 进行定性的评价。

天然溶洞稳定性评价　　表 14-2

等级	地层岩性	软弱结构面	岩层裂隙水	洞体特征	处理和利用意见
稳定性好	巨厚层或厚层灰岩,岩体完整,无软弱夹层,层面胶结好,走向与洞轴向垂直或大角度斜交	无断层褶皱,裂隙不发育,裂隙充填胶结好,裂隙组合未形成临空切割体	洞内基本无滴水、漏水,洞体比较干燥	洞顶和侧壁均有钙质胶结壳和溶蚀窝状面,无近期崩塌痕迹,底板表面无大块崩塌物	稍加处理即可利用
稳定性较好	厚层或中厚层灰岩,岩层较完整,层面胶结较好,走向与洞轴向斜交	有小断层或褶皱,裂隙较发育,但胶结较好,裂隙组合形成少量临空切割体	洞内无较大漏水处,仅有少量滴水点,洞体较潮湿	大部分顶和侧壁有钙质胶结壳和溶蚀窝状面,有近期崩塌痕迹和掉块现象,洞底堆积少量崩塌岩块	局部需要适当处理和加固。加固处理后一般可以利用
稳定性差	中厚层或薄层灰岩,有软弱夹层,层面胶结差,有裂隙,岩体破碎,走向与洞轴向平行	有规模较大的断层形成较宽的破碎带,裂隙发育,呈张性或扭性,未胶结充泥充水,裂隙组合形成较多的临空切割体	洞内有多处大量漏水,沿裂隙普遍分布漏水点,洞内潮湿	顶和侧壁溶蚀窝状面少,有新的崩塌痕迹,侧壁分布大量石柱和灰华物,洞底堆积大量崩塌岩块	加固处理工作量很大,处理后安全上仍不能得到保证。一般不宜利用

问题 14-10

[14.2.7]如何绕避溶洞(图示)?

回答

对于一时难以处理的溶洞，可采用迂回导坑绕避溶洞，如图 14-14 所示。当隧道遇到大型溶洞时，可采用局部改线方案绕开溶洞，如图 14-15 所示。

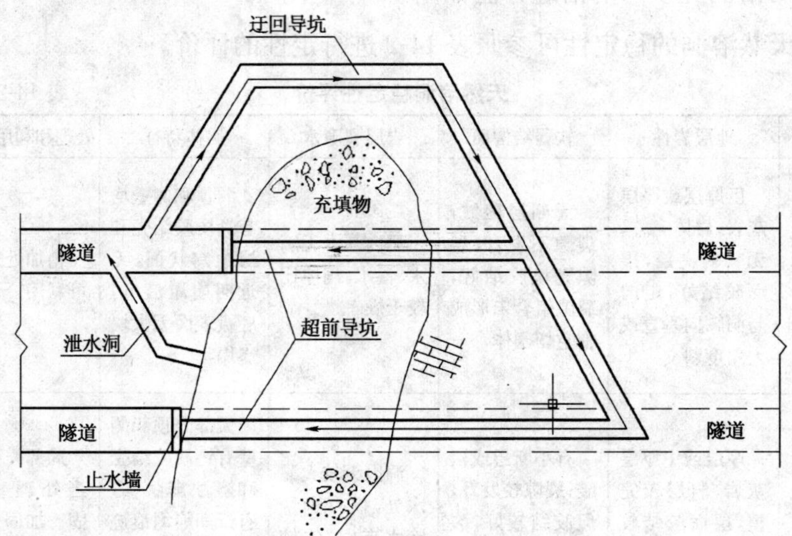

图 14-14　迂回导坑绕避溶洞

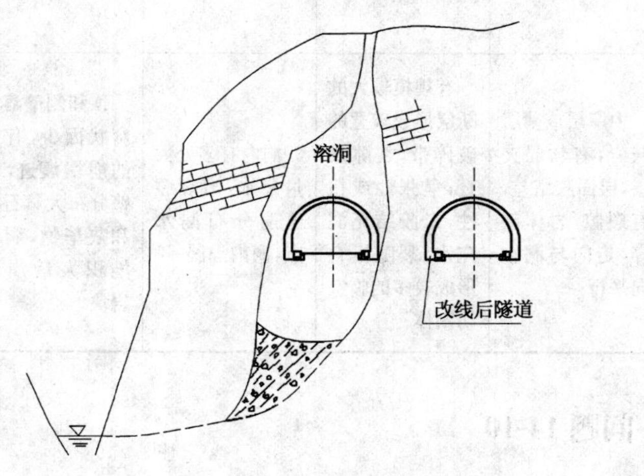

图 14-15　局部改线绕避溶洞

问题 14-11

[14.2.8]对溶洞充填物的治理方法有哪些(图示)?

回答

对溶洞充填物的治理方法如图 14-16～图 14-18 所示。

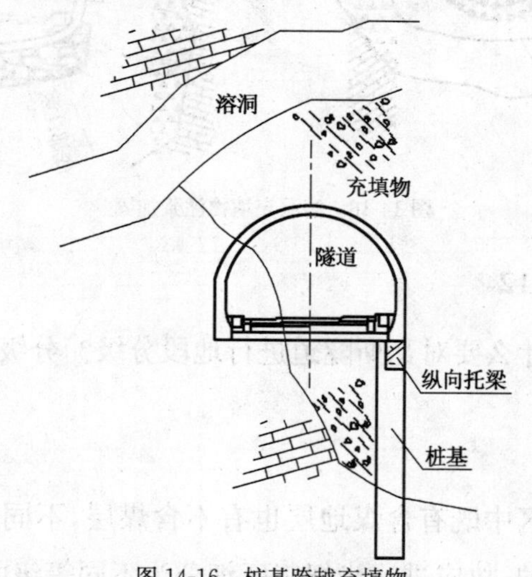

图 14-16 桩基跨越充填物

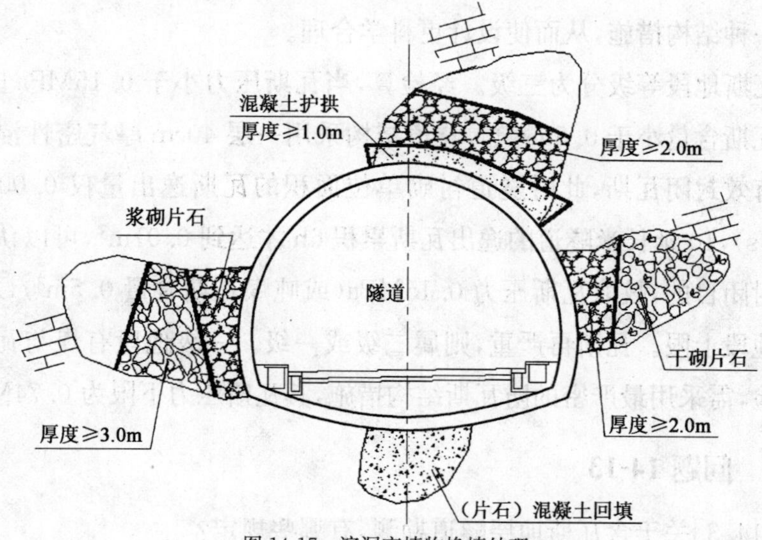

图 14-17 溶洞充填物换填处理

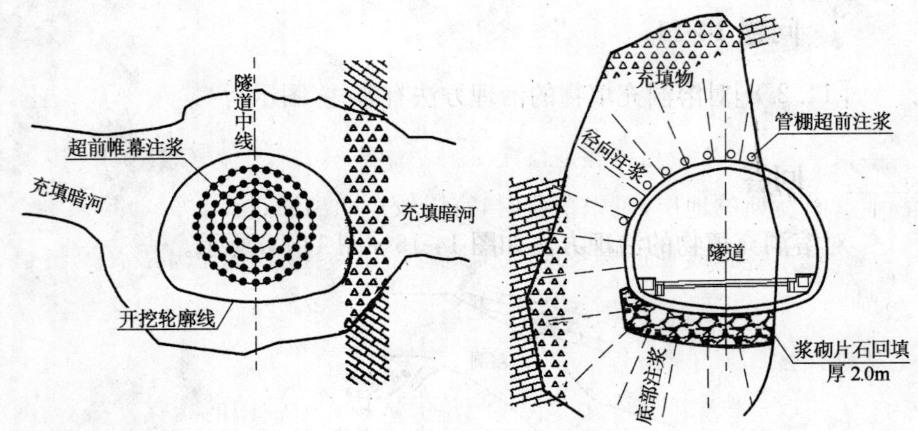

图 14-18　溶洞充填物注浆加固

问题 14-12

[14.3.1]为什么要对瓦斯隧道进行地段分级？分级依据是什么？

回答

同一施工工区中既有含煤地层也有不含煤层，不同的地段对封闭瓦斯的要求是不同的，故应进一步把工区细分为不同等级的地段，一种地段对应一种结构措施，从而使设计更科学合理。

瓦斯地段等级分为三级。经检算，当瓦斯压力小于 0.15MPa 时(或吨煤瓦斯含量小于 0.5m^3/t)，隧道结构采用一层 40cm 厚气密性混凝土即可有效封闭瓦斯，此时隧道衬砌单位面积的瓦斯逸出量仅 0.0022m^3(m^2·s)，10 延长米隧道的逸出瓦斯累积 6h 才达到 0.01m^3，可以认为已达到封闭目的，故取瓦斯压力 0.15MPa(或吨煤瓦斯含量 0.5m^3/t)作为三级地段上限。瓦斯再严重，则属二级或一级。一级地段有煤与瓦斯突出危险，需采用最严密的防瓦斯结构措施，其瓦斯压力下限为 0.74MPa。

问题 14-13

[14.3]关于含瓦斯地层隧道勘测，有哪些规定？

回答

(1)一般规定:

①确定隧道位置时,应进行充分的技术经济比较,绕避煤系地层以及其他含有瓦斯的地层,难以绕避时,宜以较短距离通过。

②隧道穿越或临近煤系地层和其他含瓦斯地层时,应开展瓦斯隧道的地质工作,其范围应较一般隧道适当扩大,内容适当加深,其成果应满足隧道设计和施工的需要。

(2)瓦斯隧道勘测时,应调查、收集邻近煤矿或油田的既有资料,其内容包括:

①区域性地质、矿产地质、水文地质、有害气体的实测资料,油气田、气井资料及有关瓦斯赋存、突出的其他地质资料(含地质平面图、剖面图、煤系柱状图、煤层对比图、钻孔资料、井田勘查报告、各阶段地质报告等)。

②井田的分布、开采水平、通风方式、瓦斯等级、采空区范围、采煤及顶板管理办法、接替采区和规划采区的位置及范围等资料。

③有关瓦斯矿井通风和煤与瓦斯突出的历史记载和实测资料。

(3)瓦斯隧道的地质工作除查明一般地形、地貌、工程地质、水文地质条件外,还应着重调查和确定以下内容:

①隧道瓦斯的来源。

②隧道通过的地层层序、年代、岩层种类及含煤地层的分布,煤层数及顶板特征和位置,煤层厚度、倾角,隧道穿煤里程和长度。

③煤层的主要物理性质和指标以及工业成分分析,包括颜色、光泽、重度、硬度、水分、挥发分、固定炭、灰分、瓦斯含量、瓦斯压力、瓦斯放散初速度等。

④煤的自燃及煤尘爆炸性判断,煤与瓦斯突出危险性判断。

⑤采空区形态,接替及规划采区位置及压煤量。

⑥煤层的瓦斯带和瓦斯风化带位置。

⑦查明形成瓦斯的地质构造，包括煤层、油页岩所处的构造部位，天然气的生成、运移、储集、封闭条件及影响因素，地下水对天然气运移、储存的影响。

(4)瓦斯隧道除应按一般隧道布置勘探工作外，尚应适当增加钻孔，采取煤样和气样进行成分分析，并在现场进行瓦斯及天然气含量、涌出量、压力等测试工作。

(5)工程地质报告应有专门篇章评述煤层、瓦斯和天然气的情况，以及瓦斯地质分析、采空区及压煤量、邻近的煤矿和油气田(气井)情况、隧道瓦斯严重程度预测及对工程的影响、技术措施建议等。

(6)瓦斯预测与评估：

①勘测阶段应根据煤与瓦斯参数，结合施工方案、进度安排，分段分煤层预测隧道及辅助坑道的绝对瓦斯涌出量。

②勘测阶段应根据煤体结构及有关参数，进行煤层突出危险性预测和瓦斯隧道的瓦斯工区、含瓦斯地段的等级划分。

③高瓦斯隧道和瓦斯突出隧道的设计阶段应编制指导性施工组织设计，内容包括探煤、揭煤和防突的方法及措施、施工通风布置和必要的技术装备，以及施工阶段的瓦斯检测、煤与瓦斯突出参考指标及要求等。

问题 14-14

[14.4]采空区隧道勘测的一般规定有哪些?

回答

(1)通过对沿线路两侧的地质、采矿情况野外调查工作，收集路线附近矿产的采矿资料，从而为圈定采空区范围提供依据。

(2)根据地面调查访问和收集的采矿资料，初步圈定采空区范围，采用瞬变电磁法等物探手段对采空区进行补充勘察。

(3)在采矿情况调查和采空区物探成果的基础上，为了进一步对采空区进行控制和验证，查明采空区的地层岩性、结构、物理力学性质、采空区三带特征及水文地质状况，在勘察范围内，沿公路轴线布置地质钻孔，查明裂隙发育程度。

问题 14-15

[14.5]高地应力地区隧道的主要问题是硬岩地层的岩爆和软弱围岩的大变形。高地应力地区围岩失稳特征主要表现在哪几个方面?

回答

(1)硬岩地层在隧道中产生岩爆、剥离或隆爆(起)现象。

(2)软岩发生大变形，表现出特有的“膨胀性”(扩容性)而使洞室缩径。

(3)出现饼状岩芯及钻孔崩落(硬岩孔径增大)或钻孔缩孔(软岩严重挤压)。

(4)洞室开挖无渗水、岩体不透水或弱透水。

(5)软弱夹层挤出，边墙倾倒或剪切错动。

(6)煤系地层常有瓦斯突出(煤爆的一种特殊形式)。

问题 14-16

[14.5.1]如何定量地判断岩爆?

回答

(1)一般认为 $\sigma_1 > (0.2 \sim 0.15) R_c$ 时，硬质围岩可能发生岩爆(σ_1 为岩体初始地应力，R_c 为岩体单轴饱和抗压强度)。

(2)岩爆的发生与 $\sigma_{max}/\sigma_{min}$ 的比值有关。从工程实例看，多数发生在该比值大于 1.5 的情况下，这也可作为岩爆的一个判据。

(3)有的学者研究发现，对于同类岩石存在一个发生岩爆的临界荷载，它是洞室岩石结构的固有性质，当作用荷载大于此值时则要发生岩爆。

问题 14-17

[14.5.7]软岩产生大变形的基本条件有哪些?

回答

(1)围岩软弱,单轴抗压强度低,内摩擦角、黏聚力都较小,具有明显的塑性和流变特性。

(2)处于高地应力($R_c/\sigma_{max}<7$ 时)区内,地应力水平远大于围岩强度。

(3)侧压力系数越大,发生大变形的情况就越严重。

(4)支护结构刚度不足、强度不够、支护时间滞后。

问题 14-18

[14.5]软岩大变形段隧道勘测设计的一般原则有哪些?

回答

(1)合理选择隧道轴线走向。

隧道轴线布置在可能的条件下,尽量避开高地应力深埋软岩区段,不能避开时应平行于岩体的最大主应力方向或与之小角度相交(具体角度计算同岩爆段隧道轴线走向选择),尽可能垂直软弱结构面的走向或断层破碎带,改善洞室受力状态,使洞室不产生过大的应力集中,减少隧道变形。

(2)选择合理的断面形状,改善围岩的应力状态。

在一定的受力条件下,不同的断面形状其应力集中部位及范围有明显差异。在水平地应力较大时,两侧岩体的蠕变位移大,围岩压力主要来自水平方向,宜选择近似扁平椭圆的形状,使其长轴方向平行于最大主应力方向，尽量做到与围岩压力分布相适应，在洞室周边不产生拉应力，压应力在整个断面上应比较均匀。

问题 14-19

[14.6.3]膨胀性围岩常引起洞室变形、仰拱破坏等，应采取哪些措施？

回答

未封闭的喷锚支护隧道变形破坏如图 14-19 所示。设计中应增大仰拱曲率，约束仰拱变形；二次衬砌采用钢筋混凝土结构，以提高衬砌承载能力。

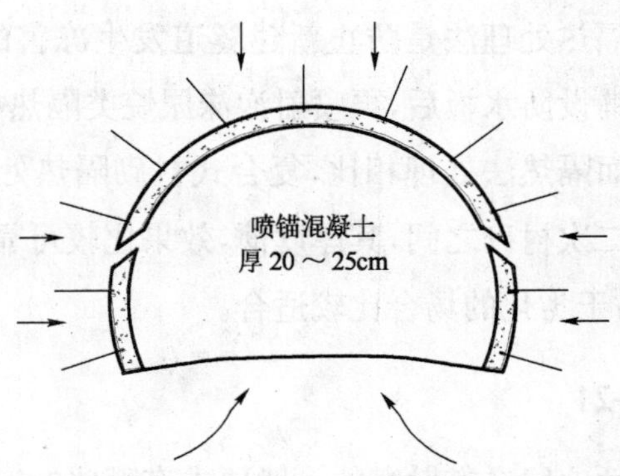

图 14-19　未封闭的喷锚支护隧道变形破坏示意图

问题 14-20

[14.8.7]在多年冻土地区隧道设计中，隧道衬砌设置保温隔热层的具体方法有哪些？

回答

隧道衬砌设置保温隔热层的目的是防止混凝土因冻融而劣化，防止衬砌背后围岩的冻胀压力造成隧道变异，在一定程度上能缓解和消除衬砌的冻胀压力。

1. U 形沟槽法

U 形沟槽法适用于发生线状漏水、寒冷程度较小的既有隧道。在接缝、开裂等漏水、冻结处挖 U 形槽，插入隔热材料或张挂在衬砌表面，防止冻结，形成线状导水管道。

2. 表面隔热处理法

表面隔热处理法是在衬砌表面设置隔热材料。此法在既有隧道冻害处理中比较常用。表面隔热处理法的一般由防止漏水的导水层、隔热层及防止火灾的防火层等三层构成。隔热材料多采用泡沫聚氯乙烯和泡沫聚氯苯系、泡沫尿烷等。

3. 复合式衬砌隔热处理法

复合式衬砌隔热处理法是防止新建隧道发生冻害的一种方法，即在喷射混凝土表面铺设防水板后，再喷射泡沫尿烷类隔热材料，然后再修筑二次衬砌。与表面隔热法处理相比，复合式衬砌隔热处理法的隔热层是设在初期支护和二次衬砌之间，其厚度薄，效果比较可靠，耐久性好，故在冻胀力大、材料易于劣化的场合比较适合。

问题 14-21

[14.9]放射性地层隧道勘察的一般要求有哪些?

回答

(1)应对隧址区开展环境放射性辐射的检测，检测内容主要包括隧道洞室围岩以及建筑材料(主要为砂、砾石、碎石等混凝土集料)的辐射水平，及含放射性元素的料场，除测量围岩本身的放射性辐射水平外，还应注意能否在隧道修建、隧道弃渣以及排水中造成环境放射性污染。

(2)隧址区环境放射性辐射检测成果应根据区域地质情况说明一般辐射水平、异常和出露范围以及与岩性、地质构造的关系。由地面伽玛测量、射气测量、岩芯测量等分析放射性辐射在垂直地面深度方向上的变化，有无隐伏的辐射场源存在，会否逸散到地面造成环境放射性污染。

(3)放射性水平预评价的工作程度根据地质勘查工作的不同阶段和围岩 γ 照射量率的强弱不同而异。初步评价采用岩石 γ 编录方法在隧道基岩露头上测定并导出岩石 γ 照射量率，对隧道围岩的放射性水平做出初步评价。如露头基岩 γ 照射量率接近或超过 $5.2\times10^{-3}\mu C/(kg\cdot h)$ 时，应做地面 γ 能谱测量和 γ 能谱测井，以测定隧道围岩的放射性比活度，对整个隧址区的放射性水平做出评价。

15 隧道抗震设计

问题 15-1

[15.1.1]如何判别抗震有利地段、抗震不利地段和抗震危险地段？

回答

(1)抗震有利地段一般指：隧址附近无晚更新世以来的活动断裂，地质构造相对稳定，地基为比较完整的岩体、坚硬土或开阔平坦密实的中硬土等地区。

(2)抗震不利地段一般指：软弱黏性土层、液化土层和地层严重不均匀的地段；地形陡峭、孤突、岩土松散、破碎的地段；地下水埋藏较浅、地表排水条件不良的地段。

(3)抗震危险地段一般指：地震时可能发生滑坡、崩塌的地段；地震时可能产生塌陷的岩溶地段和已采空的矿穴地段；河床内基岩具有倾向河槽的构造软弱面，且被深切河槽所切割的地段；发震断裂；地震时可能坍塌而中断交通的其他各种地段。

问题 15-2

[15.1.2]公路隧道抗震设防烈度确定的依据是什么？

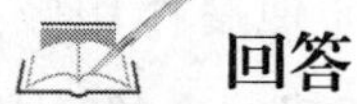

回答

《中国地震动参数区划图》(GB 18306—2001)规定的是50年期限内一般场地条件下可能遭遇超越概率为10%的烈度值。根据交通运输部文件《关于进一步提高公路基础设施防震抗震能力的若干意见》(交公路发[2008]446号)第二条第四款规定:“公路基础设施抗震设防标准,一般采用国家规定的抗震设防烈度区划标准或提高1度设防”,当采用100年超越概率10%的地震动参数作为抗震设防时,相当于在基本烈度基础上提高1度设防。

问题15-3

[15.1.3]如何理解“小震不坏,中震可修,大震不垮”?

回答

根据交通运输部文件《关于进一步提高公路基础设施防震抗震能力的若干意见》(交公路发[2008]446号)第二条第三款规定,公路基础设施应做到“小震不坏,中震可修,大震不垮”。

当隧道遭遇频发地震(小震)时,隧道结构应处于弹性工作状态;当隧道遭遇设防烈度的地震(中震)时,隧道结构应处于非弹性工作状态,但位移应在非弹性变形阶段或结构体系的损坏控制在可修复的范围;当隧道遭遇旱遇地震(大震)时,隧道结构有较大的非弹性变形,但应控制在规定的范围内,以免坍塌。

问题15-4

[15.1.7]在什么情况下需要考虑竖向地震系数K_v?

回答

根据山岭隧道震害调查结果,一般情况隧道不需要考虑竖向地震作用的影响，但在高烈度区软弱、破碎围岩条件下，隧道的竖向地震作用破坏特征明显，不仅在浅埋段而且在深埋段也出现仰拱大幅隆起的现象，因此，这种情况下应考虑竖向地震作用的影响。另外，对非常规大跨隧道也应考虑竖向地震作用的影响。

问题 15-5

[15.1.8]如何理解隧道结构的“重要性”？

回答

隧道结构的重要性不仅要考虑所在道路的等级，还要考虑该道路在整个路网中的作用。西部山区某些公路虽然道路等级低，但却是抗震救灾的生命线，其重要性同样很高。

问题 15-6

[15.2.9]采用时程分析法计算地震作用，输入地震波时，推荐输入哪种加速度时程曲线？

回答

由于一般均缺乏工程所在地地震观测资料，通常可选用美国于 1942 年 5 月 18 日的实测地震波(El. Centro 波)作为计算输入波波形，如图 15-1 所示。

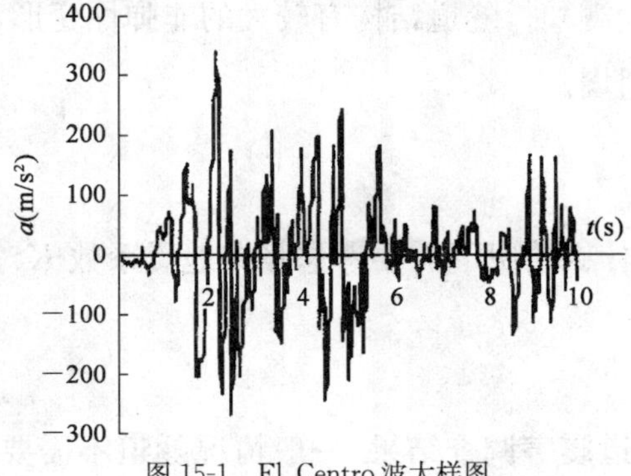

图 15-1　El. Centro 波大样图

16 隧道辅助施工措施设计

问题 16-1

[16.1.5]地层加固和注浆止水均采用注浆工艺来实现，二者的差别是什么？

回答

二者的差别在于所要达到的目标不同：当以加固地层为主要目标时应采用水泥类浆液；当以止水为主要目标时，应采用水玻璃或其他堵水效果较好的化学浆液。

问题 16-2

[16.2.1]何谓超前锚杆？

回答

超前锚杆一般用于浅埋松散破碎的地层，是沿隧道纵向在拱上部开挖轮廓线外一定范围内向前上方倾斜一定外插角，或沿隧道横向在拱脚附近向下倾斜一定外插角的密排砂浆锚杆。前者称拱部超前锚杆，后者称边墙超前锚杆。

边墙超前锚杆用在先拱后墙法开挖边墙的过程中，将起拱线附近岩体所承受的较大拱部荷载传递至深部围岩，从而提高施工中的围岩稳定性。

问题 16-3

[16.2.1]为什么超前锚杆黏结材料不能采用普通砂浆？

回答

超前锚杆由于施作后不久就必须进行开挖爆破作业，因此杆体与钻孔之间的黏结材料一般采用早强砂浆，或采用药卷。

问题 16-4

[16.2.2]超前自进式锚杆具有哪些用途？

回答

锚杆自带钻头钻入，可以通过中空杆体压注适量的早强水泥砂浆。当地层稳定性较差时，可以通过中空的杆体向地层中灌注水泥浆液。

问题 16-5

[16.2.4]管棚的特点、适用范围是什么？都有哪些形状的管棚？

回答

管棚的特点是支护能力强大，适用于含水的砂土质地层或破碎带，以及浅埋隧道或地面有重要建筑物地段。

管棚的形状随隧道开挖面的形状和钢管的布置方式而异，有圆弧形、一字形、门字形、拱顶形、矩形、圆形、π 形等，如图 16-1 所示。

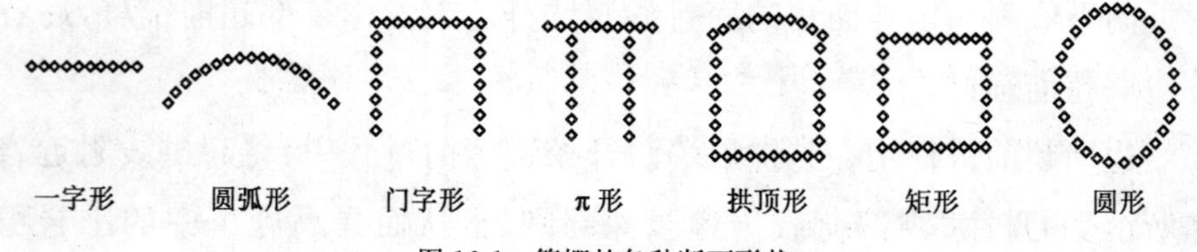

图 16-1　管棚的各种断面形状

问题 16-6

[16.2.6]何谓超前水平高压旋喷超前支护?

回答

超前水平高压旋喷超前支护就是在开挖面前方采用高压旋喷技术，在隧道开挖轮廓线外形成拱形旋喷桩预支护，以保证隧道施工开挖安全的一种超前加固方法。针对城市的浅埋隧道和靠近建筑物的隧道，在防止隧道变形和地表下沉、确保大断面隧道开挖的地层稳定方面效果较好。

问题 16-7

[16.3.11]何谓双侧壁开挖法?

回答

双侧壁开挖法，又称眼镜工法。现场实测表明，双侧壁开挖法所引起的地表沉陷仅为短台阶法的 1/2 左右。该法是将断面分成四块:左、右侧壁导坑①、上部核心土②、下台阶③，如图 16-2 所示。

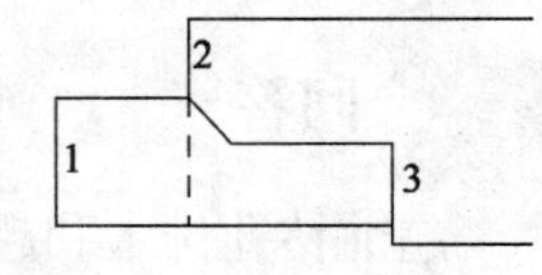

图 16-2 双侧壁开挖法

问题 16-8

[16.4.1、16.4.6]地表砂浆锚杆和地表注浆加固作用原理有何不同?

回答

地表砂浆锚杆一般采用全长黏结的普通水泥砂浆锚杆，当施工工期紧张时也可以采用早强水泥砂浆锚杆。锚杆与砂浆共同组成锚固体，可有效提高岩土体的整体强度和刚度，增强岩土体的摩擦阻力和抑制岩土体的沉降滑移。地表砂浆锚杆与洞内系统锚杆作用原理相似，对岩层起加筋作用。

地表注浆加固则是通过浆液对围岩进行固结，从而提高围岩整体性。地表注浆加固作用更强大，但工程造价较高。方案选取时应根据不同地质条件及工程需要，选择合理的方案。

问题 16-9

[16.4.11]何谓墙式遮挡？

回答

墙式遮挡采用从地表向下打入板桩，形成遮挡壁，以限制因隧道开挖造成围岩松弛的范围传到遮挡壁以外。墙式遮挡常用的有混凝土连续壁、H形型钢、钢板桩等遮挡法。

问题 16-10

[16.5.1]超前钻孔排水和超前辅助导坑排水的适用条件和作用是什么？

回答

超前钻孔排水和超前辅助导坑排水主要用于地下水来源于隧道前方或设计高程以上的情况，如断层破碎带。一般设置在隧道主洞两侧，略低于隧道开挖底面高程，以有效地降低隧道前方渗水量，保证开挖面稳定，方便施工。这两种方法主要适用于土质粉砂至砂砾层(渗透系数约为 $10^{-1}\sim10^{-4}$cm/s)。

问题 16-11

[16.5.4]何谓井点降水？

回答

井点降水就是在需要降低地下水区域的周围施作渗水井至预定的深

度，通过抽水泵把集水井内的水强制排除的方法。井点降水不仅对透水性较强的地层适用，对透水性较差的地层（渗透系数在 10^{-2}～10^{-5}cm/s 的砂质地层）同样适用。井点降水分降水槽（坑）、轻型井点降水和深井井点降水三种方法。

问题 16-12

［16.5.5］轻型井点降水的适用范围、特点和材料要求是什么？

回答

轻型井点降水一般适用于隧道内降水。本法具有机具设备简单、使用灵活、装拆方便、降水费用较低、降水效果好的特点，可显著提高洞室的稳定，防止流沙现象的发生。本工艺适用于渗透系数为 1.16×10^{-4}～5.58×10^{-3}cm/s 的土及土层中含有大量的细砂和粉砂的土。

(1)轻型井点降水的井点管一般用直径 38～55mm 钢管，带管箍，下端为长 2m 的同直径钻有 ϕ10mm 梅花形孔（6 排）的滤管，外缠 8 号铁丝、间距 20mm，外包尼龙窗纱二层、棕皮三层，缠 20 号铁丝、间距 40mm。

(2)连接管用塑料透明胶皮管，直径 38～55mm，顶部装铸铁头。

(3)集水总管用直径 75～100mm 钢管，带接头。总管设在井点管外侧 50cm 处，铺前先挖沟槽，并将槽底整平，将配好的管子逐根放入沟内，在端头法兰穿上螺栓，垫上橡胶密封圈，然后拧紧法兰螺栓，总管端部用法兰封牢。井点干管铺好后，用吸水胶管将井点管与干管连接。

(4)滤料采用粒径 0.5～3.0cm 石子，含泥量小于 1%。

问题 16-13

［16.5.5］如何对组装好的井点管部件进行检查？

回答

井点使用时,正常出水规律是“先大后小,先浑后清”。如不上水,或水一直较浑,或出现清后又浑等情况,应立即检查纠正。真空度是判断井点系统是否良好的尺度,一般应不低于55.3～66.7kPa;如真空度不够,表明管道漏气,应及时修好。井点管淤塞,可通过听管内水流声,手扶管壁感到振动,夏冬季手摸管子冷热、潮干等简便方法检查。如井点管淤塞太多,严重影响降水效果,应用高压水逐个反复冲洗井点管或拔出重新埋设。

问题16-14

[16.5.5]对轻型井点成孔有哪些规定?

回答

轻型井点成孔可采用冲击式或回转式钻机成孔,井深应比井点设计值深50cm;洗井可采用0.6m^3空压机或水泵将井内泥浆抽出。

一般井点成孔孔径可为300mm,成孔后井点用机架吊起徐徐插入井孔中央,使其露出地面200mm,然后倒入粒径5～30mm石子,使管底有500mm高,再沿井点管四周均匀投放2～4mm粒径粗砂,上部1.0m深度内用黏土填实以防漏气。

问题16-15

[16.5.5]轻型井点降水可采用哪些机具设备?

回答

轻型井点降水可采用的机具设备有真空泵和射流泵两种。前者设备组成规格及技术性能可参照表16-1,后者设备组成规格及技术性能可参照表16-2。

真空泵型轻型井点系统设备规格与技术性能　　表 16-1

名　称	数　量	规格与技术性能
往复式真空泵	1 台	V5 型（W3 型）或 V6 型；生产率 4.4m^3/min；真空度 100kPa，电动机功率 5.5kW，转速 1450r/min
离心式水泵	2 台	B 型或 BA 型；生产率 20m^3/h；扬程 25m；抽吸真空高度 7m，吸口直径 50mm，电动机功率 2.8kW，转速 2900r/min
水泵机组配件	1 套	井点管 100 根，集水总管直径 75～100mm，每节长 1.6～4.0m，每套 29 节，总管上节间距 0.8m，接头弯管 100 根；冲射管用冲管 1 根；机组外形尺寸 2600mm×1300mm×1600mm，机组质量 1500kg

注：地下水位降低深度为 5.5～6.5m。

ϕ50 型射流泵轻型井点系统设备规格及技术性能　　表 16-2

名称	型号及技术性能	数量	备　注
离心泵	3BL—9，流量 45m^3/h，扬程 32.5m	1 台	供给工作水
电动机	JQ2—42—2，功率 7.5kW	1 台	水泵的配套动力
射流泵	喷嘴 ϕ50mm，空载真空度 100kPa，工作水压 0.15～0.3MPa，工作水流量 45m^3/h，生产率 10～35m^3/h	1 个	形成真空
水箱	1100mm×600mm×1000mm	1 个	循环用水

注：每套设备带 9m 长井点 25～30 根，间距 1.6m，总长 180m，降水深 5～9m。

问题 16-16

[16.5.6]何谓深井井点降水？

回答

深井井点降水一般应用在地下水较丰富的浅埋隧道地段，通过在地表设置深于隧道底的井管，将地下水通过设置在井管内的潜水泵将地下水抽出，使地下水位低于坑底。深井降水适用于渗透系数较大（$1.16\times10^{-2}\sim2.89\times10^{-1}$cm/s）、土质为砂类土（或有流沙和重复挖填土）、地下水丰富、降水深（15～50m）、时间长的深井井点降水工程。

（1）深井井点降水的井管由滤水管、吸水管和沉沙管三部分组成，可用钢管、塑料管或混凝土管制成，管径一般为 ϕ300～ϕ357mm，内径宜大于潜水泵外径 50mm。

①滤水管一般长为 3～9m，通常在钢管上分三段轴条（或开孔），在轴条（或开孔）后的管壁上焊 ϕ6mm 垫筋。要求垫筋顺直，与管壁点焊固定，在垫筋外螺旋形缠绕 12 号铁丝，间距 1mm，与垫筋用锡焊焊牢，或外包 10 孔/cm^2 和 40 孔/cm^2 镀锌铁丝网各两层或尼龙网。上下管之间用对焊连接。当土质较好，深度在 15m 内时，亦可采用外径 ϕ380～ϕ600mm、壁厚50～60mm、长 1.2～1.5m 的无砂混凝土管作滤水管，或再外包棕树皮两层作滤网。

②吸水管采用与滤水管同直径钢管制成。

③沉沙管一般采用与滤水管同直径钢管，下端用钢板封底。

(2) 深井井点降水的水泵一般采用 QY—25 型或 QW—25 型、QB40—25 型潜水电泵，或 QJ50—52 型浸油式潜水电泵或深井泵。每井一台，带吸水铸铁管或胶管，并配上一个控制井内水位的自动开关。在井口安装阀门，以便调节流量的大小。阀门用夹板固定。每个基坑井点群应有两台备用泵。

(3) 深井井点降水的排水管一般采用 ϕ325～ϕ500mm 钢管或混凝土管，并设 3%的坡度，与附近下水道接通。

问题 16-17

[16.6.1]何谓超前帷幕注浆？

回答

超前帷幕注浆是将隧道前方一定范围的土体进行全面加固，在开挖区域周边形成隔水帷幕，以防止地下水的渗流给隧道施工带来较大风险，如图 16-3 所示。

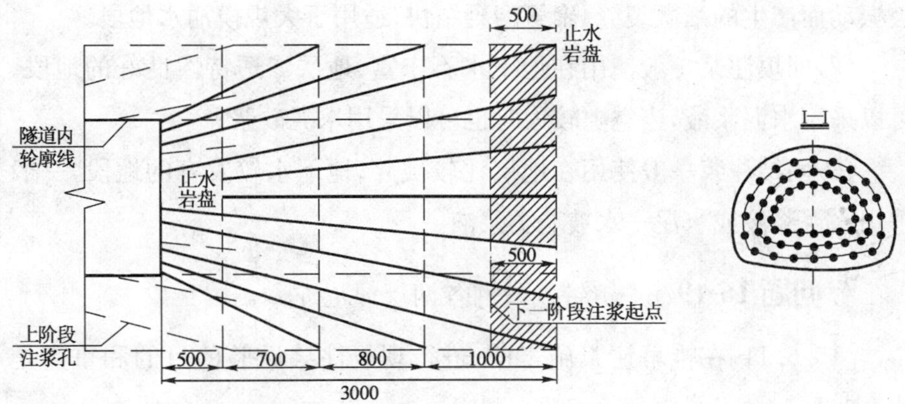

图 16-3 超前帷幕注浆示意图(尺寸单位:mm)

问题 16-18

[16.6.1]对于帷幕注浆材料,有哪些要求?

回答

帷幕注浆材料应具有下列性质:

(1)料源广,价格便宜。

(2)黏度小,胶凝时间易于调整,胶凝化过程前期慢、后期快。

(3)凝胶体材料抗渗性好、强度高,不发生收缩,在各种环境下稳定性好。

(4)无公害,不污染环境。

(5)配置浆液和注浆工艺简单方便。

由于注浆材料难以满足上述全部条件,因此选择注浆材料应根据实际地质条件和最终目标结合材料本身性能来选择:

(1)堵水注浆一般使用在地下水丰富,需要控制地下水渗流的地段,可以选用水泥—水玻璃类、丙凝及聚氨酯等材料。水泥—水玻璃材料便宜,且来源广,使用最多;丙凝浆液调节胶凝时间方便,黏度小,适用于爆破振动而产生的细微裂缝；聚氨酯凝结快，适用于大规模涌水地段。

(2)回填注浆一般使用在地下水不丰富、地层渗透特性良好的地段。可以采用水泥浆液，当空隙较大时也可以采用水泥砂浆。

(3)固结注浆一般使用在地层比较破碎、地下水较发育的地段，一般采用水泥浆液或水泥—水玻璃类浆液。

？问题 16-19

[16.6.11]在帷幕注浆施工前，进行现场注浆试验的目的和重点是什么？

回答

注浆试验一方面是对现场注浆参数、工艺、材料作进一步研究，使注浆施工合理、有效，另一方面是弄清所选择浆液在实际地层中注浆加固的机理，探明有加固作用的浆液的特性。注浆试验的重点是针对现场地质条件、施工工艺等确定浆液可注性、浆液在土层中形成的复合土的强度特性、渗透特性以及地层自身在注浆前后的强度特性与渗透特性的变化，从而得出此类地层注浆可能得到的浆液结石体在岩层中的固结范围和固结方式。

17 隧道施工过程中的动态设计

问题 17-1

[17.4.1]对于采用新奥法设计和施工的隧道,为什么规定应将现场监控量测项目列入设计文件,并在施工中实施?

回答

由于岩体的生成条件和地质作用的复杂性,岩石的产状和结构也非常复杂,并且在隧道构筑过程中,加上开挖方法、支护方法、支护时机、支护结构刚度等对围岩稳定性都有影响,所以寻求能正确反映岩体状态的物理力学模型非常困难。因此,用数解法所得到的成果至今还不能作为现代隧道设计的依据。所以,现场监控量测是监视设计、施工是否正确的眼睛,是监视围岩是否安全、稳定的手段,它应始终伴随着施工的全过程。

问题 17-2

[17.4.6]对测桩埋设及测线布置有哪些要求?

回答

测桩埋设及测线布置图如图 17-1 所示。不同的隧道施工方法及衬砌断面,对测桩埋设及测线布置的要求也不尽一致。

(1)当采用全断面开挖时,在一般地段每个监测断面通常埋设 1 号、2 号、3 号、4 号、5 号共 5 个测桩,布置 a、b、c、d 共 4 条测线。

(2)若为半断面开挖，可先埋设1号、2号、3号测桩，对a、b、c 3条测线进行量测；当下台阶开挖达到相应监测断面位置时，再埋设4号、5号测桩，对下部d线进行量测。

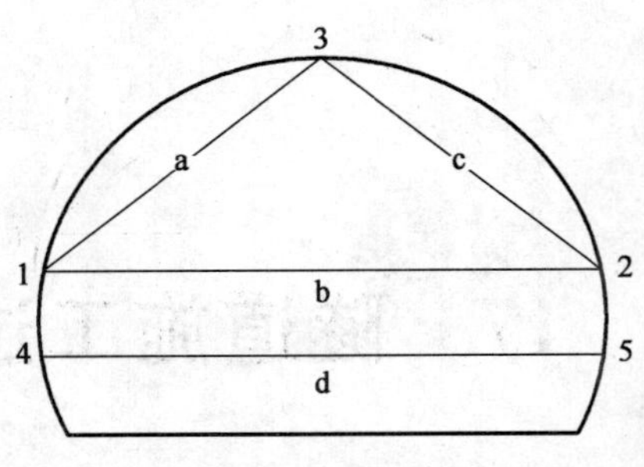

图17-1　测桩埋设及测线布置图

(3)1号、2号、3号、4号、5号测桩应埋设在同一垂直断面内。

(4)1号和2号、4号和5号测桩应分别在同一水平线上，3号测桩应埋设在拱顶中央。

(5)1号、2号测桩应埋设在起拱线附近，4号、5号测桩应埋设在衬砌基础底面以上1.5m左右。

(6)在特殊地段，根据具体情况，可另增设测桩及测线。

(7)在行车横洞、行人横洞、通风横洞、施工导洞等小断面隧道中，可根据断面的大小及围岩级别的不同，对测桩及测线进行适当减少。如在行车横洞中可仅设1号、2号、3号测点及a、b、c 3条测线。

18 隧道防水及排水系统设计

问题 18-1

[18.1]各级公路隧道防排水应分别满足哪些要求？

回答

(1)高速公路、一级公路、二级公路隧道防排水应满足下列要求：

①拱部、边墙、路面、设备箱洞不渗水。

②纵、横、环向所有排水系统应排水通畅，路面不积水。

③有冻害地段的隧道衬砌背后不积水，排水沟内水流不冻结。

④车行横通道、人行横通道等服务通道拱部不滴水，边墙不淌水。

(2)三级公路、四级公路隧道防排水应满足下列要求：

①拱部、边墙不滴水，设备箱洞不渗水。

②纵、横、环向排水系统排水应通畅，路面不积水。

③有冻害地段的隧道衬砌背后不积水，排水沟内水流不冻结。

问题 18-2

[18.2.1]二次衬砌施工缝、沉降缝的主要构造形式有哪些(图示)？

回答

隧道衬砌结构施工缝可选用中埋式缓膨胀性橡胶止水条形式防水构造，沉降缝宜选用中埋式橡胶止水带形式防水构造，如图 18-1 所示。

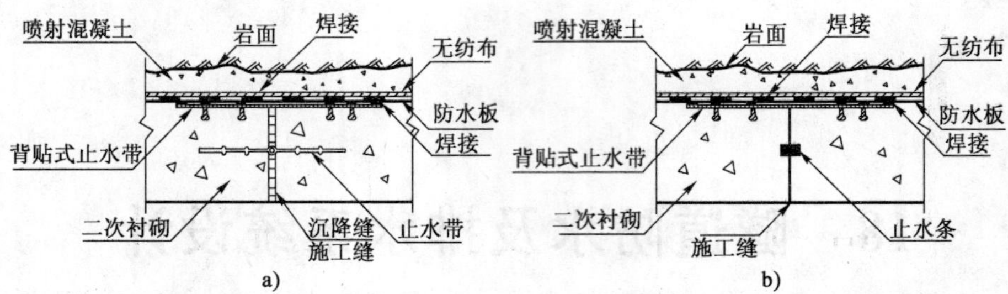

图 18-1 二次衬砌施工缝、沉降缝的主要构造形式

a)中埋式橡胶止水带形式防水构造；b)中埋式缓膨胀性橡胶止水条形式防水构造

问题 18-3

[18.3.4]可否给出隧道洞内排水系统设计示例(图示)?

回答

隧道洞内排水系统设计示例如图 18-2、图 18-3 所示。

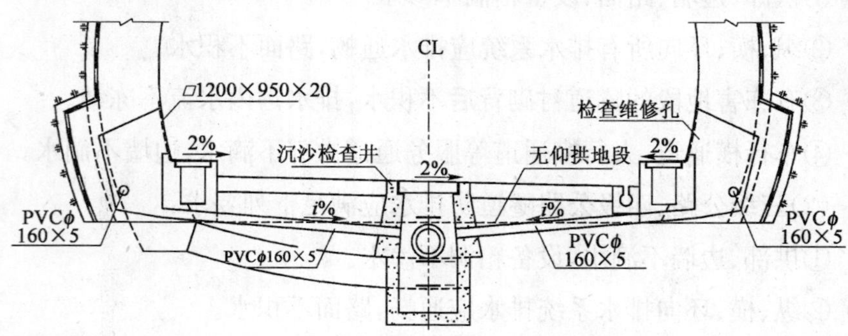

图 18-2 隧道内纵横向排水系统

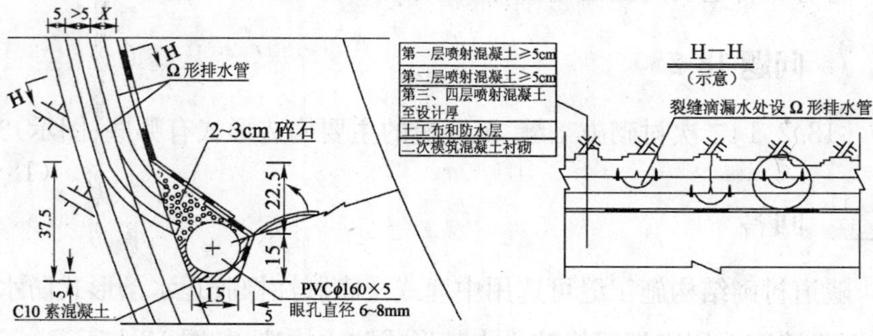

图 18-3 Ω 形排水管铺设固定工艺(尺寸单位:cm)

问题 18-4

如何预测隧道涌水量?

回答

根据地下水的类型,隧道涌水可分为潜水渗流涌水、承压水渗流涌水、降水渗流涌水和集中涌水四类。

1. 潜水渗流涌水量预测

潜水渗流是指隧道穿越潜水层时由地层渗到隧道排水系统的水流(图 18-4),这是公路隧道修建中最常见的一种渗流。其特点是地下水位相对比较稳定,且水位面高于隧道纵向排水管标高。

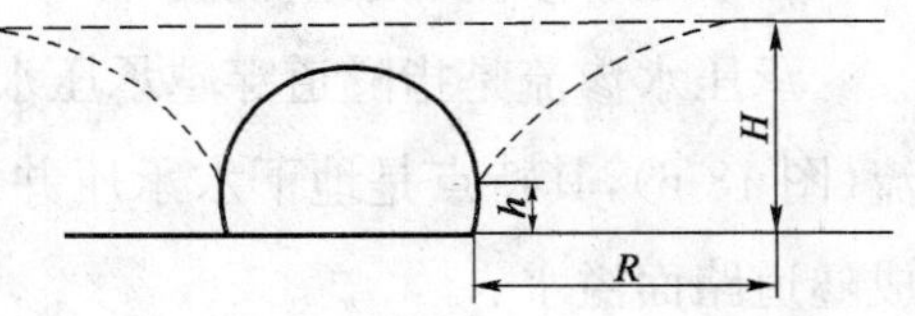

图 18-4 潜水渗流涌水量计算模型

渗流的计算方法与集水廊道的渗流计算类似,可导出隧道单位长度涌水量 q 计算公式为:

$$q = k(H^2 - h^2)/R \tag{18-1}$$

式中:k——地层的渗透系数;

H——自然水位高度;

h——衬砌后水深;

R——隧道渗流影响范围(水平距离)。

隧道衬砌后的水深 h,一般远小于含水层厚度 H(从隧道纵向排水管标高算起)。若略去 h 不计,上式可简化为:

$$q = kH^2/R \tag{18-2}$$

R 与地质条件有关,应由抽水试验确定,或近似地用浸润曲线的平均坡度进行估算。

对于长及特长隧道,沿隧道纵向地下水位有一定的坡度。这时可将

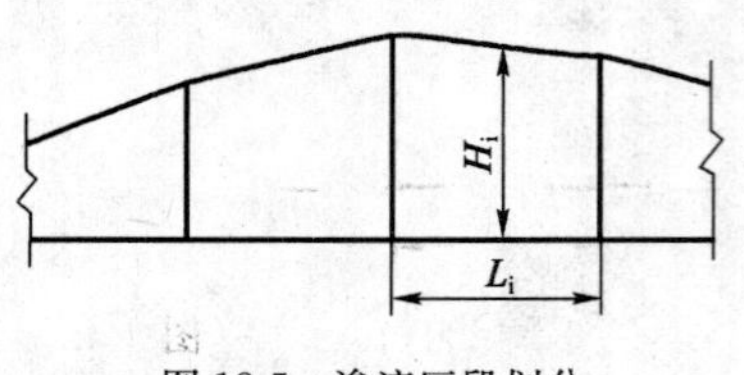

图 18-5 渗流区段划分

隧道沿纵向分段(图 18-5),确定各段的平均水位 H_2,分段计算 q_i。各段的涌水量为:

$$Q_i = q_i L_i \tag{18-3}$$

若隧道渗水区有 n 段,则总涌水量 Q 为:

$$Q=\sum_{i=1}^{n} Q_i \tag{18-4}$$

2. 承压水渗流涌水量预测

承压水渗流是指隧道穿越承压水层时由地层渗到隧道排水系统的水流(图 18-6),其特点是地下水承压并且压力较为稳定。这类地下水易造成隧道路面溢水。

解算过程与普通完全井的类似,沿隧道纵向单位长度的涌水量公式为:

$$q = \frac{2\pi kH}{\ln R - \ln r_0} \tag{18-5}$$

估算时,R 可按经验酌情选用,H 可取隧道形心处的初始水头值。若承压水区段长度为 L,则该段隧道的渗水量 Q 为:

$$Q = qL \tag{18-6}$$

3. 降水渗流涌水量预测

降水渗流涌水量是指隧道设置在地下水位之上,地表降水在下渗过程中遇隧道而从排水系统排出的水量。这类渗流的特点是渗流为铅垂向下或沿岩层主导裂隙方向向下渗流,渗流线被隧道所截者从隧道排出,未截者则不受隧道影响(图 18-7)。

降水下渗速度为:

$$v = kJ \tag{18-7}$$

式中:k——渗透系数;

J——水力坡度。

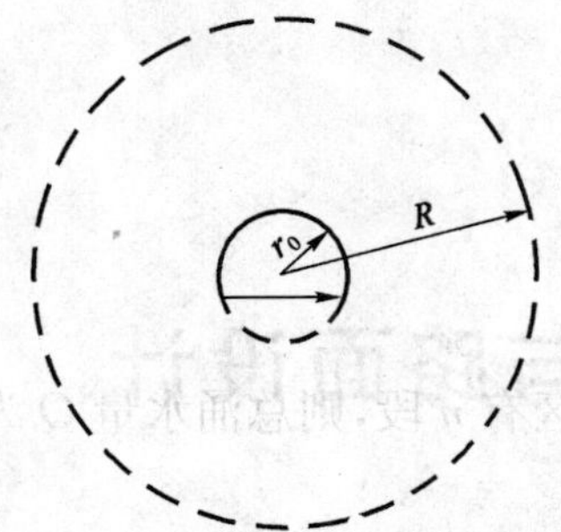

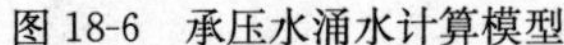

图 18-6 承压水涌水计算模型

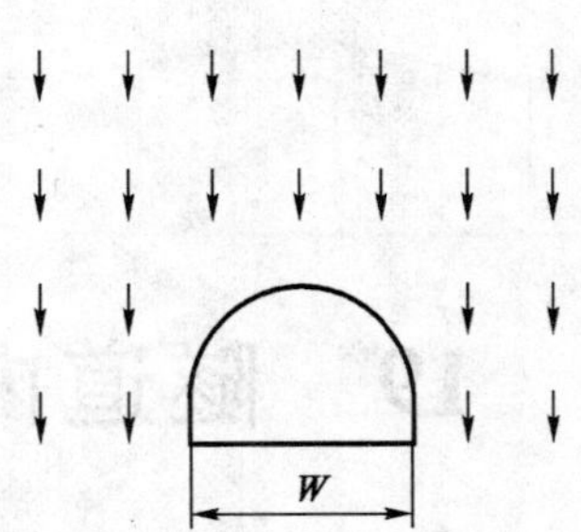

图 18-7 降水渗流涌水量计算模型

若隧道衬砌宽度为 W，隧道单位长度涌水量 q 为：

$$q = Wv = WkJ \tag{18-8}$$

值得说明的是，如果隧道围岩裂隙发育，地表降水量又较大，隧道较长时，应考虑由下渗引起的涌水量。估算中，水力坡度 J 和渗透系数 k 可通过试验或用经验方法选取。考虑到隧道开挖会使围岩出现一定松动范围，W 的计算值可在衬砌宽度基础上适当加大。

4. 集中涌水量预测

集中涌水是指隧道穿越地下暗河及与地表河流、水库等有水力联系的断层破碎带等而下渗流入隧道排水系统的水量。这类涌水的特点是出水点集中，出水量大。一般来说，这类涌水在施工期间都会作妥善处理，对建成后的隧道涌水量来说，只需考虑少量的渗漏。估算中，对每个出水点根据经验估算涌水量 Q_i。若隧道有 n 个集中涌水点，则总涌水量为：

$$Q = \sum_{i=1}^{n} Q_i \tag{18-9}$$

19 隧道内路基与路面设计

问题 19-1

[19.1.2]与一般路段路面结构设计相比，隧道内路面结构设计有哪些特殊性？

回答

隧道内路面结构的受力状况、服务要求和工作环境与一般的填挖路段的路面结构有较大的区别，尤其在服务功能方面，对隧道内路面的技术要求更高。隧道路面是一个半封闭的结构，与完全处于野外的普通路面相比，其特点有：路面层下通常为强度较高的基岩、净空有限、温差小、湿度较大、光线暗且进出隧道亮度变化较大、噪声大且不易消散、尾气浓度大、防灾救援难度大以及路面维修不便等。设计中应充分考虑隧道路面的特殊性，简单按照一般路段路面结构设计方法进行隧道路面结构设计可能影响隧道行车的安全性和舒适性。

问题 19-2

[19.3.1]为什么不设仰拱的隧道路面结构宜设整平层、基层和面层，而设仰拱的隧道路面可只设基层和面层？

回答

不设仰拱的隧道，一般为岩石路基，岩石路基因存在超挖与欠挖现象，故应设整平层。而设仰拱的隧道，因其仰拱回填已充当了整平层的功能，故仅设基层和面层。

问题 19-3

［19.3.2］隧道内水泥混凝土路面和复合式路面应分别注意哪些问题？

回答

(1)水泥混凝土(图 19-1)由于强度较高，在目前的隧道路面中得到了广泛的应用。但水泥混凝土路面行车噪声较大，且在使用后很短的时间内其抗滑性能就会大大降低，因此，选择水泥混凝土作为路面材料时，必须优先考虑其降噪和抗滑性能。目前新型的隧道路面材料如钢纤维混凝土具有较好的抗拉、抗折、耐磨性和抗冲击性，多孔水泥混凝土具有明显的降噪功能和良好的排水效果，是隧道路面设计中可考虑采用的面层材料。

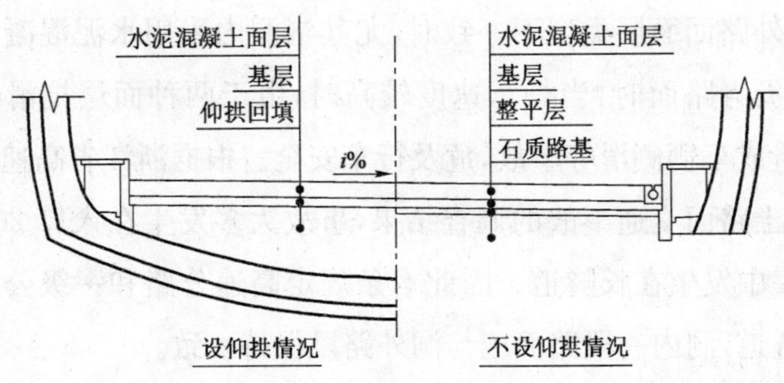

图 19-1 水泥混凝土路面结构示意图

(2)在水泥混凝土路面板上加铺抗滑性能优良的两层沥青罩面形成复合式路面(图 19-2)，是改进隧道路面抗滑性能的有效措施。但沥青路面在隧道着火情况下可能参与燃烧并释放浓烟，不利于运营安全和救援工作的开展，因此应采用加入阻燃剂的复合改性沥青。

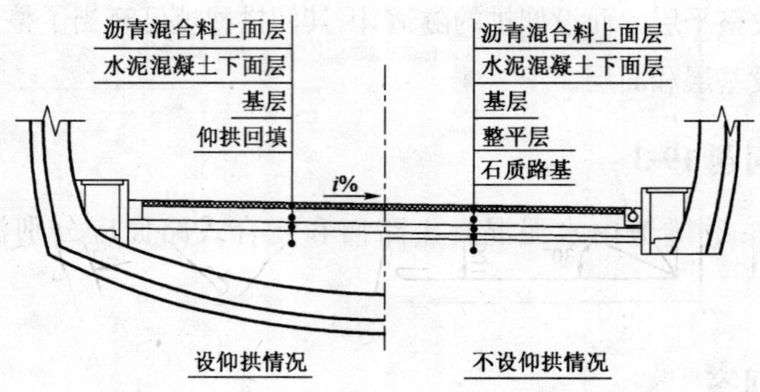

图 19-2　复合式路面结构示意图

问题 19-4

[19.4.5]当洞内采用水泥混凝土路面而洞外采用沥青路面时，对于高速公路和一级公路的长隧道、特长隧道，为什么要求洞内一段路面应与洞外路段保持一致？

回答

洞内外路面面层类型不一致时，尤其当洞内采用水泥混凝土路面而洞外采用沥青路面时，当行车速度较高时，由于两种面层抗滑性能的差异，极易造成车辆侧滑等事故，危及行车安全。根据浙江省高速公路隧道水泥混凝土路面交通事故的调查结果，事故大多发生在入口 200～400m 路段，且集中发生在长隧道。因此本条规定高速公路和一级公路的长隧道、特长隧道，洞内一段路面应与洞外路段保持一致。

问题 19-5

[19.5.3]角隅钢筋如何布置(图示)？

回答

角隅钢筋布置如图 19-3 所示。

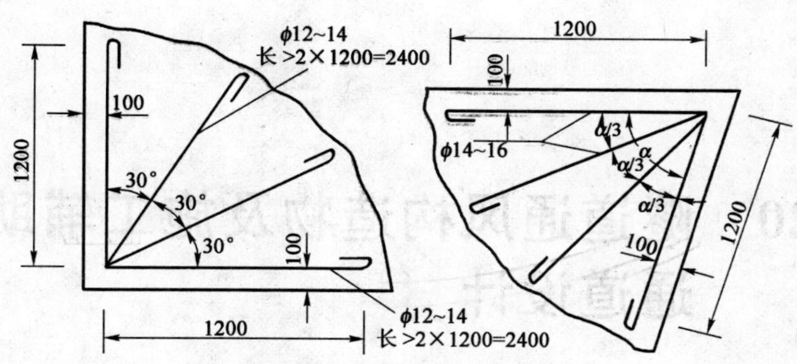

图 19-3　角隅钢筋布置(尺寸单位:mm)

20　隧道通风构造物及施工辅助通道设计

问题 20-1

[20.1.2]设置辅助通道的目的是什么?

回答

设置辅助通道有两个目的:一是增加开挖面而加快施工进度,通常是受洞口施工场地的限制、总体工期安排紧张因素引起;二是特殊地质地段施工,通常需要利用辅助通道超前探明地质情况,或利用该通道对岩溶地下水、瓦斯等进行超前排放。

问题 20-2

[20.3.2]为什么规定斜井井身纵断面不宜变坡?

回答

主要考虑井身变坡会给提升带来困难。如纵断面是凹形,钢丝绳与轨面之间呈现一弓弦状,极易撞击顶板,增加钢丝绳的磨损及造成车辆掉道;如纵断面是凸形,车辆行经变坡点,其重心落在后轮上,前轮跷起,不能保证稳定,易发生掉道,不安全。

问题 20-3

[20.5.1]地面风机房和地下风机房各有哪些优缺点?

回答

地面风机房具有以下优点:房屋的采光和空气质量较好;值班室、设备间和生活房屋宽敞;一些大型设备更换起吊、出入方便;井下联络风道短,建筑费用低。其缺点是:需要多占土地;风机房设于山顶时交通不便。

地下风机房具有以下优点:工作人员可方便地由隧道进入工作地点;洞顶地表征地少;值班室为地下结构,四季温差小。其缺点是:工程难度大、造价高;采光和通风条件差,值班工作人员环境差,有碍健康;空间狭小,设备拆装相对困难。

问题 20-4

[20.5.1]什么条件下宜设置地下风机房?在设计上有哪些特殊规定?

回答

当地下围岩相对较好,而地面场地受一定限制时,宜设置地下风机房。

地下风机房应根据洞室规模和设备安装要求作特殊设计,必要时应对洞室群进行详细的数值模拟分析,给出洞室群的稳定性评价。地下风机房一般埋置于隧道的较深处,地质条件相对较好,但各种洞室较多,且结构较复杂,多与行车隧洞相贯通,断面跨度较大、间距较小。因此,有必要建立计算模型,采取有效的数值计算方法对其安全性与稳定性进行评价,可采用三维弹塑性分析方法;在结构计算中,初始地应力通常根据三维地应力反演分析结果确定。

典型地下风机房布置如图 20-1 所示。

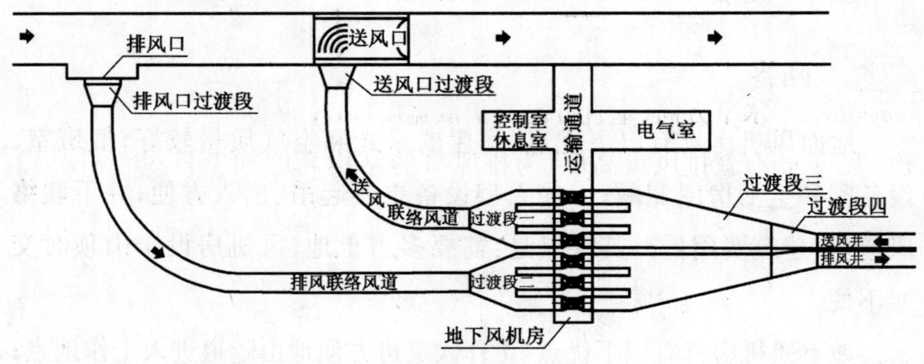

图 20-1　典型地下风机房布置示意图

问题 20-5

[20.5.3]风机房的进风口和排风口如何布置？

回答

风机房的进风口与排风口的方向应按该区域历年频率最高的自然风向布置，应尽可能将进气口设置于上风方向，排风口的方向避开当地主风向，其高差不宜小于 5m。如果隧址区不存在明显的主导风向或不能将进气口设置于上风方向，应考虑适当加大进气口与排气口的高差。

问题 20-6

[20.5.5]如何计算排风口排出的污染空气浓度？

回答

排风口排出的气体为污染空气，应注意排风扩散对周围大气环境的影响。对于地处城镇的隧道，必要时应有环评专题。

排风所扩散的污染空气浓度可进行数值模拟计算或按下式检算：

$$C(x,y,0)=\frac{q}{\pi\times\sigma_z\times\sigma_y\times v}\times\exp\left[-\left(\frac{H_e^2}{2\sigma_z^2}+\frac{y^2}{2\sigma_y^2}\right)\right]\quad(20\text{-}1)$$

式中：C——浓度(10^{-6})；

q——发生源强度(mL/s)；

σ_y,σ_z——水平方向、垂直方向的扩散宽度(m)；

H_e——有效排风口高度，为排风口的结构高度加上排风上升高度ΔH(m)；

$$\Delta H=\frac{0.65\times4.77}{1+0.43\times\frac{v}{v_g}}\times\frac{\sqrt{Q_e\times v_g}}{v}$$

Q_e——排风量(m^3/s)；

v_g——排风口风速(m/s)；

v——大气平均风速(m/s)。

21 隧道内附属构造物设计

问题 21-1

[21.1.2]如何对车行横通道直墙式支护结构进行设计(图示)?

回答

车行横通道直墙式支护结构可参考图 21-1 进行设计。

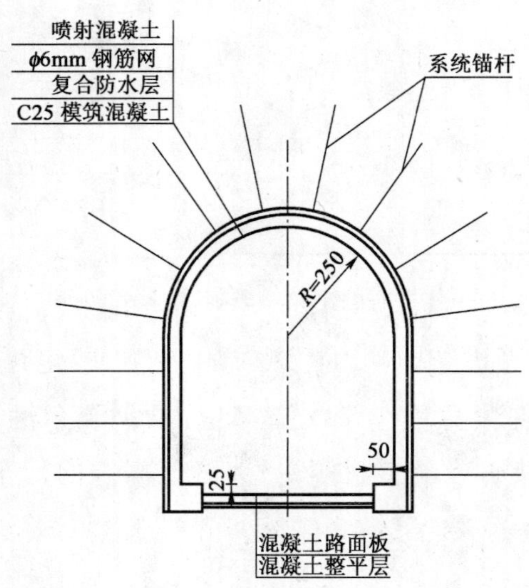

图 21-1 车行横通道支护结构示意图(尺寸单位:cm)

问题 21-2

[21.1.3]车行横通道与主洞连接时,需要注意哪些问题?

回答

车行横通道与主洞斜交连接时，交角一般取 60°～75°，以利于车辆转向通行。车行横洞宜靠近紧急停车尾端或与紧急停车带错开一定距离布置，既改善结构受力，又不影响车辆转弯半径。车行横通道轴线与紧急停车带端头距离以 0～6m 为宜，如图 21-2 所示。

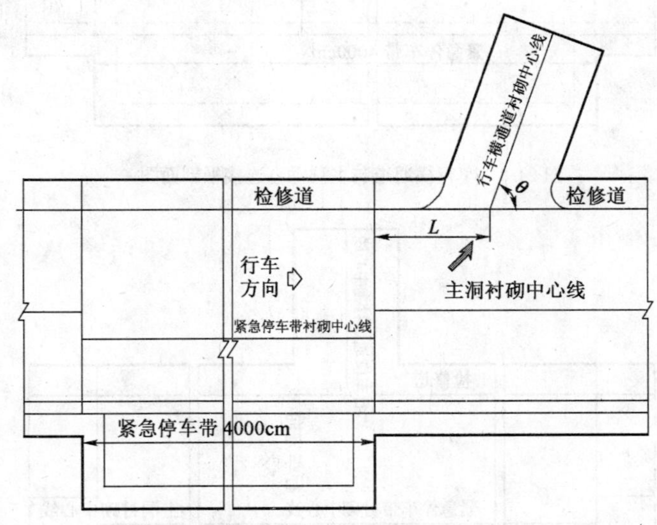

图 21-2　车行横通道与主洞斜交连接平剖面图

特殊情况下，考虑结构受力更好、施工更方便，也可采用垂直连接，车行横洞可布置在紧急停车带端头部位，以利于车辆转向通行，如图 21-3 所示。如考虑一个隧道封闭，另一隧道需双向行车时的车辆转向通行，应采用垂直连接，且车行横洞布置在紧急停车带的中部，如图 21-4所示。

问题 21-3

[21.3]如何对配电洞室、变压器洞室、消火栓灭火器洞室、AFFF 灭火器洞室、紧急电话洞室进行设计(图示)?

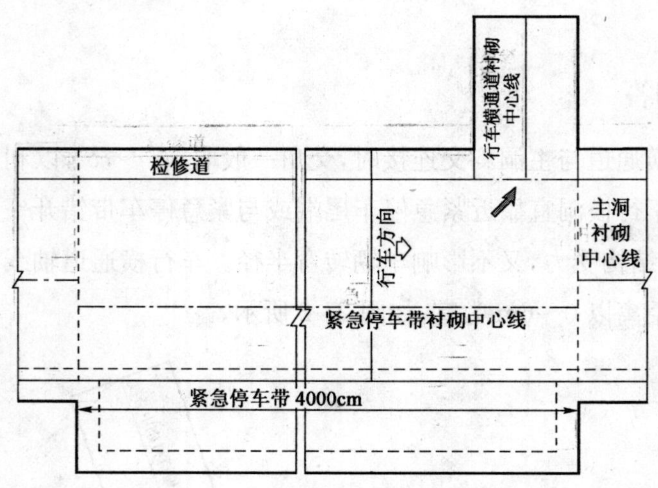

图 21-3　车行横通道与主洞垂直连接平剖面图一

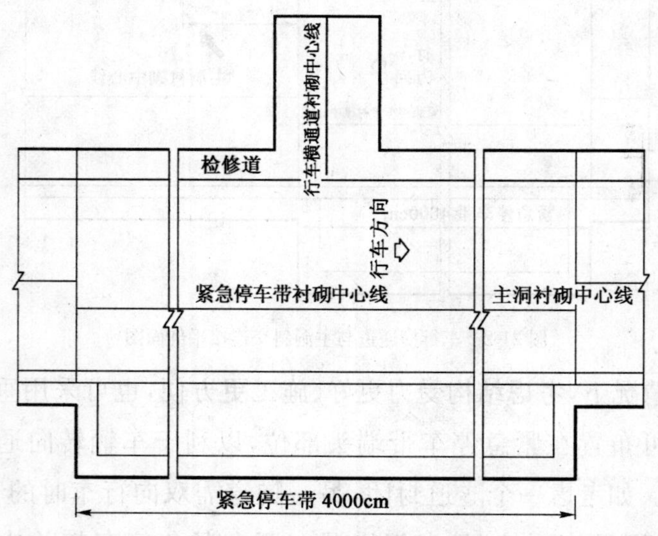

图 21-4　车行横通道与主洞垂直连接平剖面图二

回答

配电洞室、变压器洞室、消火栓灭火器洞室、AFFF 灭火器洞室、紧急电话洞室构造如图 21-5～图 21-9 所示。

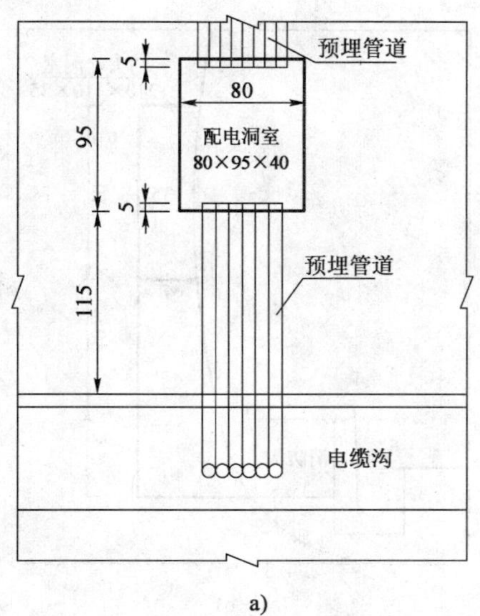

a)

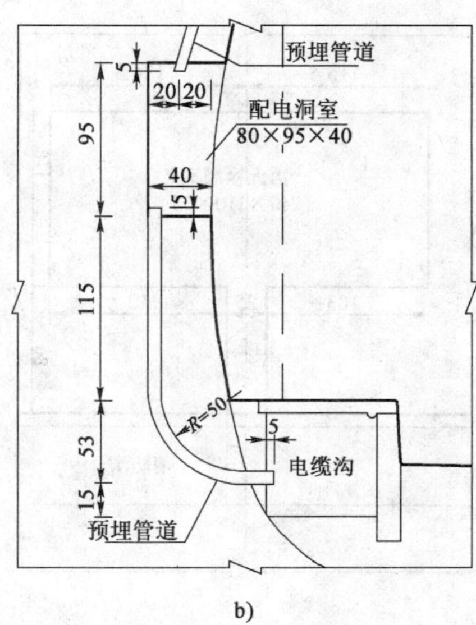

b)

图 21-5 配电洞室构造图(尺寸单位:cm)
a)立面;b)侧面

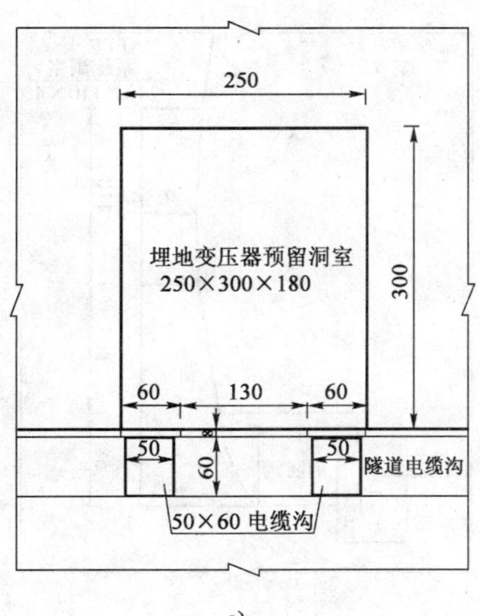

a)

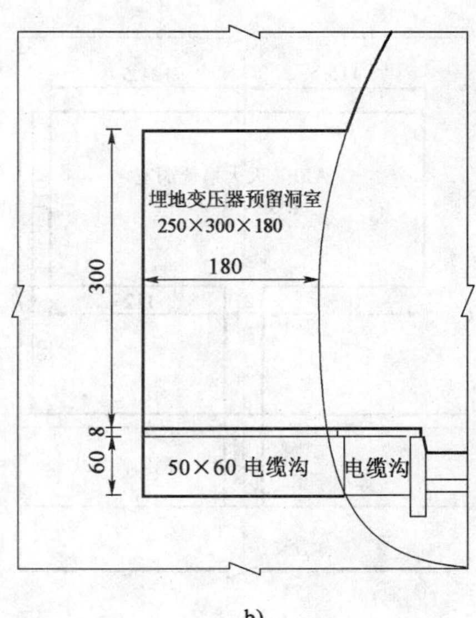

b)

图 21-6 变压器洞室构造图(尺寸单位:cm)
a)立面;b)侧面

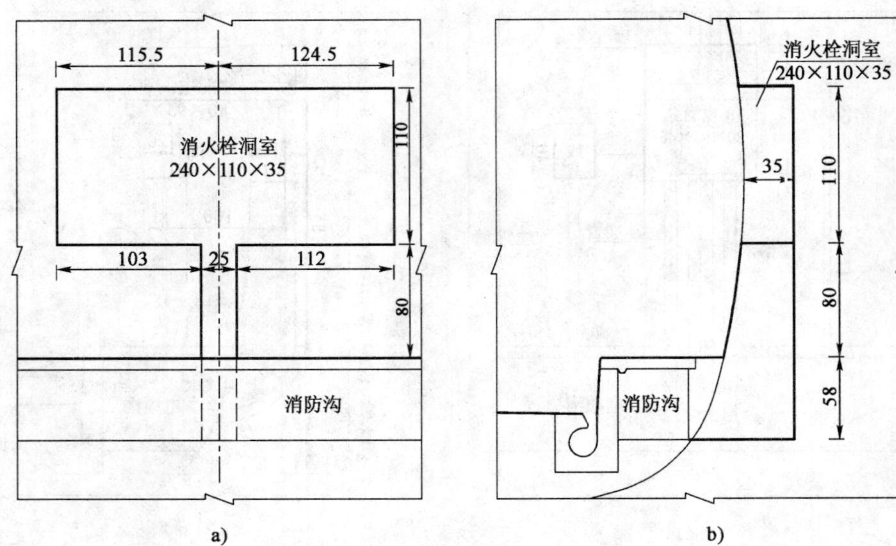

图 21-7 消火栓灭火器洞室构造图(尺寸单位:cm)
a)立面;b)侧面

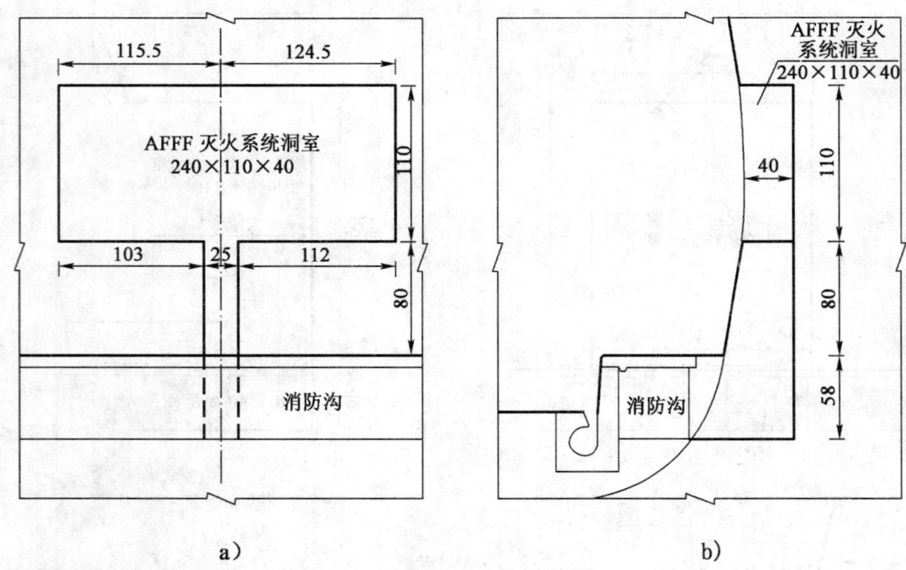

图 21-8 AFFF 灭火器洞室构造图(尺寸单位:cm)
a)立面;b)侧面

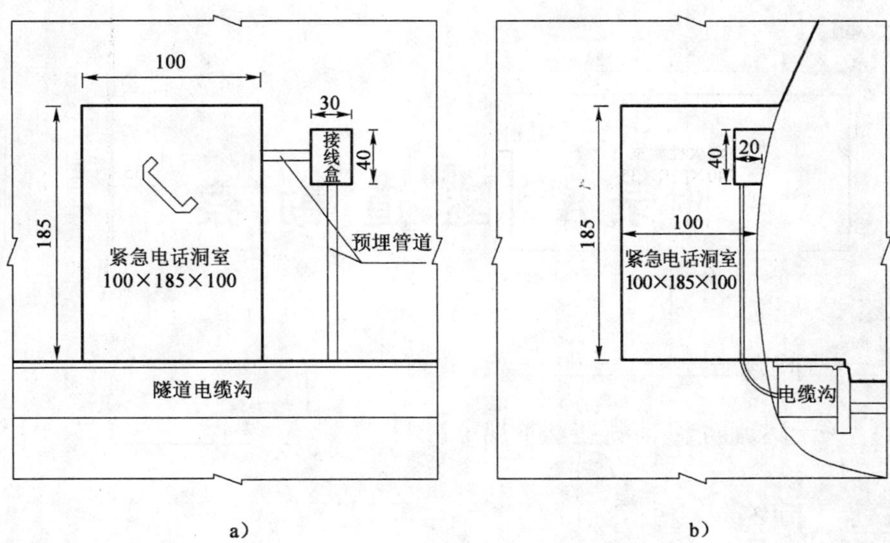

图 21-9 紧急电话洞室构造图(尺寸单位:cm)
a)立面;b)侧面

问题 21-4

[21.4]如何对电缆沟进行设计(图示)?

回答

电缆沟可参考图 21-10、图 21-11 进行设计。

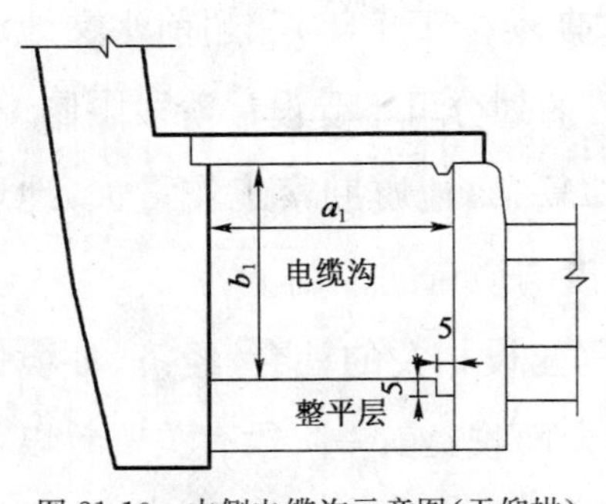

图 21-10 内侧电缆沟示意图(无仰拱)
(尺寸单位:cm)

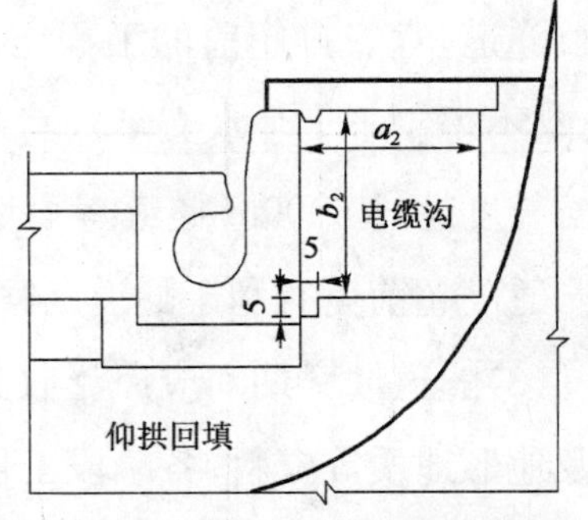

图 21-11 外侧电缆沟示意图(有仰拱)
(尺寸单位:cm)

附录A　隧道勘察

问题 A-1

关于隧道勘察，有哪些基本规定？

回答

(1)隧道勘察阶段的划分宜与公路设计阶段相适应，一般分为前期勘察、初步勘察、详细勘察。在隧道勘察过程中应进行详细的资料收集与调查、隧道测量、地质勘察等工作，以满足相应阶段的设计需要。

对于特殊的高等级公路隧道，可采用两阶段勘察三阶段设计模式；而对于低等级公路隧道，则可以采用一阶段勘察两阶段设计模式。因此，隧道勘察的阶段划分一般情况下与公路设计阶段相适应，而不是严格一致。

(2)对于长度超过 6000m 的隧道以及水文、工程地质条件极复杂的特长隧道，宜安排超前的工程地质(工作期不少于 1 年)和超前水文地质工作(不得少于 1 个水文年)，其勘察阶段的划分可不受设计阶段限制。

长度超过 6000m 隧道一般地质条件复杂，地质勘察工作量大，地质工作适度超前更有利于隧道勘察设计进度与质量的控制。

(3)隧道勘察期间应广泛收集与工程建设相关的社会、经济、环境保护及地形地质等资料；各阶段工作前，应全面收集前一阶段有关资料以及各部门审查、批复意见，并应根据隧道的建设规模、地形地质条件和设计阶段，拟定勘察方案。

(4)隧道测量应包含地形测量、中桩测量、横断面测量、平面控制测量及高程控制测量;隧道勘察应包含地质调绘、物理勘探、钻探、测试等工作,其内容应满足各阶段设计需要。隧道轴线与洞外连接线的衔接,应以隧道控制测量为准,对路线控制重新进行平差计算。

问题 A-2

关于隧道设计资料的收集与调查,有哪些基本规定?

回答

(1)应根据不同设计阶段的任务、目的和要求,针对公路等级、隧道的特点和规模,确定收集资料的内容和范围;并认真地进行调查、测绘和试验;调查的资料应齐全、准确,满足设计需要。

(2)调查应分施工前调查和施工中调查两个阶段。施工前各阶段的调查内容、范围、精度等应符合相应设计阶段的要求;施工中的调查应及时进行,预报和解决施工中遇到的地质问题,为验证或修改设计、施工提供依据。

(3)应根据隧道所通过地区的地形、地质条件,并综合考虑调查的阶段、方法、范围等,编制相应的调查计划。在调查工作中,如发现实际情况与预计的情况不符,应及时修正调查计划。

问题 A-3

隧道设计需要收集哪些资料?

回答

隧道设计需要收集以下资料:

(1)地形地貌资料、图件,以及有关的遥感与遥测资料。

(2)工程地质、水文地质特别是自然地质灾害的种类、性质、规模、危害程度等资料，并分析各种灾害与隧道工程的关系。

(3)地质测绘、勘探资料和各类图件，并对资料的准确性和可能存在的问题进行分析，同时提出调查计划。

(4)隧道地区的气温、降水、风速、冻害和风向等气象资料。

(5)地震历史、地震动参数等资料。

(6)沿线地区交通量及车辆构成情况、矿产资源等。

(7)有关的法令、法规。

(8)区域规划、社会环境、施工条件和邻近既有工程等资料。

以上资料为隧道设计的基础文件，前期阶段即应进行全面收集，初勘和详勘阶段则应对以上资料进行补充核实。

问题 A-4

地形与地质调查包括哪些具体内容？

回答

(1)隧道调查各阶段的目标、内容及范围可按表 A-1 拟定。

各阶段调查的目标、内容及范围　　表 A-1

阶段		目　标	内容和方法	范　围
施工前	前期	为路线走向比选提供区域地形、地质、环境等基本资料	收集、分析既有资料及沿路线进行地面踏勘	大于路线可能方案的范围
	初勘	获取路线所经区域地形、地质、其他环境资料，为方案比选及下阶段调查提供基础资料	收集、分析既有资料，现场踏勘和必要的勘探工作	大于比选方案的范围
	详勘	获取技术设计、施工计划、预算等所需要的地质、环境等资料	详细进行地形、地质、环境等调查，按要求进行钻探、物探、测试等	隧道路线两侧及周围地区，岩溶及其他特殊复杂隧道范围应适当扩大
施工中		预报和确认施工中出现的工程地质、水文地质问题，验证或变更设计，调整施工方法等	地形、地质、环境补充调查，洞内观测、量测、超前探测预报、地质灾害及防治措施	隧道内及地面受施工影响的范围

(2)施工前各阶段的地形与地质调查应包括自然地理概况以及工程地质和水文地质等,并按阶段要求重点调查和分析以下内容:

①地层、岩性及地质构造变动的性质、类型和规模。

②断层、节理、软弱结构面特征及其与隧道的组合关系,围岩的基本物理力学性质。

③地下水类型及地下水位、含水层的分布范围及相应的渗透系数、水量和补给关系、水质及其对混凝土的侵蚀性,有无异常涌水、突水。

④崩塌、错落、岩堆、滑坡、岩溶、自然或人工坑洞、采空区、泥石流、流沙、湿陷性黄土、盐渍土、盐岩、地热、多年冻土、冰川等不良地质和特殊地质现象,及其发生、发展的原因、类型、规模和发展趋势,分析其对隧道洞口和洞身稳定的影响程度。

⑤隧道通过含有害气体或有害矿体的地层时,应查明其分布范围、有害成分和含量,并预测和评价其对施工、运营的影响,提出防治措施。

⑥按现行《中国地震动参数区划图》(GB 18306)的规定或经地震部门鉴定,确定隧道所处地区的设计地震动参数。

(3)地形、地质调查应注意做好以下工作:

①当隧道地区存在区域性断裂构造时,特别是存在全新活动的断裂和发震断层时,应调查新构造活动的痕迹、特点和与地震活动的关系,并查明其对隧道工程的影响程度。

②当隧址区存在影响隧道方案的重大不良地质、特殊地质情况时,应进一步收集调查地质资料,综合分析,预测隧道开挖后可能出现塌方、滑动、挤压、岩爆、突然涌水、流沙及瓦斯逸出等的地段,并提出相应的工程措施,为方案比选和隧道设计提供依据。

③水文地质条件复杂的隧道(含岩溶隧道)除按一般隧道进行调查、勘探、试验外,必要时还应进行水文地质动态观测或进行专题研究。

④路线越岭的隧道,应查明不同的越岭高程的地质条件,进行全面的

技术、经济比较，选择工程地质条件较好的位置穿越。

⑤沿河傍山地段的隧道，应调查分析斜坡地质结构特征及其稳定性和水流冲刷对山体和洞身稳定的影响。

⑥濒临水库地区的隧道，应查明岸坡的稳定性、水库库容及水位（含浪高和壅水高）等。当隧道穿过岩溶洼地或坡立谷间的峰丛斜坡底部时，应查明洼地或坡立谷的季节性壅水的最高水位高程。

（4）施工中的地质调查，宜采取地面补充调查，开挖工作面直接观察、素描、摄像、量测。对于工程地质、水文地质复杂的隧道，可采用超前地震波反射、声波反射、地质雷达等地球物理手段，或采用超前钻孔、平行导坑、试验坑道等进行超前探测，及时预报可能发生地质灾害的位置、性质。施工中工程地质调查应完成以下任务：

①根据对围岩性质的直接观察、量测和试验资料，核定岩性、地质构造、地下水等情况，分析判定实际揭露的围岩级别。

②及时预报和解决施工中遇到的工程地质和水文地质问题。

③为验证和修改（变更）设计及调整施工方案提供依据。

问题 A-5

工程环境的调查包括哪些具体内容？

回答

（1）应调查隧道洞口、施工便道、施工场地、辅助通道、通风斜（竖）井施工时的交通运输条件以及施工时对交通运输可能造成的影响；对交通困难地区，应初步提出可能采取的相应措施。

（2）应对隧道所穿区域的管线、建筑物及其他设施的现状进行调查，并提出隧道建设是否应拆迁或保护的措施。

（3）应对隧道弃渣场地应进行场地容量、弃渣运输条件、生态环境、地下水径流条件及相应的工程措施的调查。

(4)应评估隧道建设对地表排水、农田灌溉及地下水等环境方面的影响,并确定防治措施。

? 问题 A-6

除地形与地质调查、工程环境调查外,隧道设计还应进行哪些调查?

回答

还应进行以下几项调查:

(1)对于长隧道、特长隧道应进行隧道通风设计资料调查与收集。

(2)交通量调查:主要指车辆类型、数量及其历时变化等,应了解汽车实载情况。

(3)气象调查:主要指隧道进出口气压、风向、风速、温度、湿度及相关地区的气象资料,并根据需要作实地观测。

(4)环境调查:主要指洞口及竖(斜)井口地形、建筑物分布、居民分布等。

(5)除长度短于 100m 的隧道外,其余隧道应进行隧道照明设计调查。主要应对洞口及竖(斜)井口朝向、洞口附近视野、植被条件进行调查。

(6)隧道供配电设计调查:主要应了解隧址所在地区电网分部情况,收集有关供电电源点及相关技术资料。

(7)隧道供水调查:主要应对施工用水、运营期间的消防用水情况进行调查。

(8)对于独立的隧道,应进行相关概预算资料调查。

? 问题 A-7

隧道测量包括哪些测量项目?

回答

隧道测量项目包括：地形测量、中桩及横断面测量、初测阶段控制测量、详测阶段平面控制测量、详测阶段高程控制测量等。

问题 A-8

关于地形测量，有哪些具体规定？

回答

(1)各勘测阶段地形图比例应满足表 A-2 的要求。

各勘测阶段地形图比例要求 表 A-2

勘测阶段	预可	工可	初勘	详勘
比例要求	1∶10000～1∶50000	1∶5000～1∶10000	1∶2000～1∶5000	1∶1000～1∶2000，洞口 1∶500

注：详勘阶段洞口 1∶500 地形图应包含辅助通道、通风斜(竖)井及洞身隧道露头地段。

(2)初测阶段隧道地形图测量范围，应根据公路等级、地形条件及设计需要等合理确定，应能满足隧道线形的优化及辅助通道、通风斜(竖)井等构造物布置的需要。低等级公路隧道每侧不宜小于 300m，高等级公路隧道每侧不宜小于 1500m。

(3)详测阶段应对地形图进行现场核对。洞口及浅埋地段地形、地物发生变化时，应予以修测；地形图范围不能满足设计要求时，应进行补测；变化较大时，应予以重测。

(4)详测阶段应按最终确定的洞口位置测绘洞口地形图，比例尺为 1∶500，其范围一般为前、后、左、右各宽 60 ～100m；有需要特殊控制的建筑物、管线、道路等，应标明其控制点高程及坐标。

问题 A-9

关于隧道中桩及横断面测量，有哪些具体规定？

回答

(1)横断面测量范围应为隧道中线两端不少于50m。

(2)初测阶段应对隧道洞口及洞身浅埋地段进行实地中桩放线测量，隧道洞口纵向为估计挖方零点至挖方30m高的长度范围，桩距15～25m，并实测2～3个典型横断面。

(3)详测阶段应对隧道洞口及洞身浅埋地段进行实地中桩放线测量，隧道洞口纵向为估计挖方零点至挖方50m高的长度范围，桩距5～15m，每个中桩均应施测横断面。

横断面测量范围应根据填挖深度确定：填挖越深，两侧范围越大。中桩间距应根据地形条件确定：地形平缓，则桩距大；地形陡峻，则桩距小。

问题A-10

关于隧道初测阶段控制测量，有哪些具体规定？

回答

(1)相邻隧道洞口纵向间距小于表A-3规定时，应作为一整座隧道进行控制测量考虑。

相邻隧道洞口纵向间距　　表A-3

公路等级	高速、一级公路	二级公路	三级公路	四级公路
相邻隧道洞口纵向间距(m)	250	160	120	80

(2)初测阶段可不专门布设隧道平面和高程控制网，但在布设路线控制测量网时应于隧道进出口各布设2个以上平面控制点及2～3个高程控制点，平面控制点间距应大于500m，满足隧道平面和高程控制网加密的需要。

(3)初测阶段布设的控制点应纳入路线控制测量进行施测。

问题 A-11

关于隧道详测阶段平面控制测量,有哪些具体规定?

回答

(1)对于中、长及其以上隧道,当路线平面控制测量的精度和控制点分布不能满足隧道施工贯通需要时,应在定测阶段布设隧道专用平面控制测量网。

(2)隧道平面控制测量可采用 GPS 测量、三角测量、三边测量、导线测量等方法,其等级和技术要求,应根据初设的隧道长度,按表 A-4、表 A-5 确定。

平面控制测量精度要求 表 A-4

测 量 等 级	最弱相邻点边长相对误差	测 量 等 级	最弱相邻点边长相对误差
二等	1/100000	一级	1/20000
三等	1/70000	二级	1/10000
四等	1/35000		

洞外平面控制测量等级要求 表 A-5

隧道贯通长度(m)	测 量 等 级	隧道贯通长度(m)	测 量 等 级
≥6000	二等	1000～3000	四等
3000～6000	三等	<1000	一级

(3)隧道平面测量控制网采用的坐标系宜与路线控制测量相同,但当路线测量坐标系的长度投影变形对隧道控制测量的精度产生影响时,应采用独立坐标系,其投影面宜采用隧道纵面设计高程的平均高程面。

(4)隧道平面测量控制网应采用自由网的形式,选定基本平行于隧道轴线的一条长边作为基线边与路线控制点联测,作为控制网的起算数据。联测的方法和精度与隧道控制网的要求相同。

(5)各洞口附近应设置2个以上相互通视平面控制点,点位应便于引测进洞。

(6)控制网的选点应结合隧道平面线形及施工放样时洞口(包括辅助通道口)投点的需要布设;结合地形、地物,力求图形简单、坚固;在确保精度的前提下,充分考虑观测条件、测站稳固、交通方便等因素。

(7)长隧道和特长隧道宜进行控制测量设计。应首先在地形图上选点,并估算其洞口投点的误差,选用合理图形。并宜对特长、长隧道横向贯通中误差进行预计,对施工阶段所使用的仪器等级、测量方法提出建议。隧道内相向施工中线的贯通中误差应符合表A-6的规定。

贯通中误差　　表A-6

测量部位	两开挖洞口间长度(m)			高程中误差(mm)
	<3000	3000~6000	>6000	
	贯通中误差(mm)			
洞外	≤±45	≤±60	≤±90	≤±25
洞内	≤±60	≤±80	≤±120	≤±25
全部隧道	≤±75	≤±100	≤±150	≤±35

(8)当初测阶段布设路线平面控制测量的精度和控制点分布可以满足设计和施工需要时,应进行检测。检测成果在限差以内时,采用初测成果;当检测成果超出限差时,应复测并重新计算。

问题A-12

关于隧道详测阶段高程控制测量,有哪些具体规定?

回答

(1)对于长隧道和特长隧道,当路线高程控制测量的等级、精度和控制点分布不能满足设计需要时,应在定测阶段前布设隧道专用高程控制测量网。

(2)隧道专用高程控制测量的等级和技术要求,应根据隧道长度和水准路线长度,按表 A-7 和表 A-8 确定。隧道高程控制测量宜采用独立网。

高程控制测量的技术要求 表 A-7

测量等级	每公里高差中数中误差(mm)		附合或环线水准路线长度(km)
	偶然中误差 M_Δ	全中误差 M_w	隧道
二等	±1	±2	600
三等	±3	±6	60
四等	±5	±10	25
五等	±8	±16	10

高程控制测量等级选用 表 A-8

隧道贯通长度(m)	测量等级	隧道贯通长度(m)	测量等级
≥6000	二等	<3000	四等
3000～6000	三等		

(3)在隧道洞口附近(包括辅助通道口)应各设置 2 个及其以上水准点。

(4)当路线高程控制测量的等级、精度和控制点分布满足规范要求时,应对初测施测高程控制网进行检测。其高差不符值在规定限差以内时,采用初测成果;超出限差时,必须进行复测并重新计算。

? 问题 A-13

隧道地质勘察包括哪几个阶段?

回答

隧道地质勘察包括三个阶段,分别是前期地质勘察阶段、初步地质勘察阶段、详细地质勘察阶段。

问题 A-14

前期地质勘察阶段的工作内容有哪些？

回答

(1)应以调绘为主，辅以遥测、遥感等方式收集工程建设区域内的地质资料，从隧道工程地质条件上论证路线方案的可行性和合理性。

可行性研究阶段通常通过航(卫)片资料进行地质判释，并根据铁路、水电、矿山、城建等部门工程建设中所揭露的地质情况分析，概略判定洞身围岩级别、水文地质条件、洞口稳定条件及对环境的影响等，提出隧道适宜的位置和比选意见。

(2)对于地质条件较为复杂的超大跨度隧道或控制路线方案的特长隧道宜布置适当的物探工作，对影响路线方案的特殊地质地段可进行钻探验证，以保证路线方案的成立以及工程造价的控制。

问题 A-15

初步地质勘察阶段的工作内容有哪些？

回答

(1)应以物理勘探工作为主，配合代表性钻探测试工作，通过调查、测绘、遥感等方法全面收集区域地质资料，从工程地质及水文地质角度评价隧道轴线位置及洞口位置的合理性。

要求先收集、分析、研究各类有关资料，再进行室外调查、测绘、勘探测试工作，初步查明各隧道方案的工程地质、水文地质条件；根据对各类勘察资料进行的综合分析、论证，按比选结果推荐隧道最佳方案。对于各个可能隧道方案要求分段确定围岩级别。

(2)应重视并加强现场调绘工作，对隧道方案的可行性、稳定性、合理性做出初步评价，并根据在现场发现的疑难问题，对物理勘探和钻探提出指导性意见。

(3)物理勘探。

①分离式隧道、连拱隧道可沿隧道轴线纵向布置物探测线 1 条；两端洞口及浅埋段应布置横测线 1～2 条，长度为隧道轴线两侧不宜少于 50m。

②不同的地质体或构造类型，要有 1～2 条物探测线穿过，每条测线的测点至少在 3 个以上，地质情况复杂时可适当加密。

③对煤层、矿体、采空区、溶洞、断裂等特殊构造，可选用磁力、重力测量等多种物探手段进行综合勘探。

(4)钻探。

①钻孔布置原则：钻孔的数量和位置应根据遥感信息或区域地质资料分析以及调绘、物探所发现的疑点、重点、异常点来拟定。短隧道可不布置钻孔；中隧道可只在洞口布置 1～2 个钻孔；长及其以上隧道每端洞口应布置不少于 1 个钻孔，洞身宜每 500m 有一个钻孔。

洞口孔一般宜布置在设计高程以上 15～30m 范围内；洞身孔一般应布置在洞身低凹部位及推测的构造破碎带、岩溶等不良地质勘探地段；钻孔宜布置在隧道中线上；长、特长隧道每 500m 宜有一个钻孔，当隧道埋置较深时，如连续 2～3 个钻孔深度都超过 150m 时，可酌情核减。在初测阶段，超过 300m 的钻孔原则上可不布设。

②钻孔深度：根据钻探目的和具体情况而定，一般应钻到设计洞底高程以下 2m；遇溶洞、暗河及不良地质时，应根据需要加深，一般应穿过溶洞、暗河等地层 5m；若遇到含油地层、瓦斯地层，钻孔深度以钻到设计洞底 10m 以下为宜。

(5)测试。

①在设计洞底高程以上相当于 3 倍洞径高度范围内应取样做试验。

②对于水文地质条件十分复杂的隧道，还应进行抽水或注水等试验，结合物探方法测定地下水的流向、流速、压力、岩土的渗透性等，并分段预测涌水量，必要时进行水文地质动态观测。

③钻探过程中遇到地下水、油气、有害气体和矿物时，应进行化验分析，做出初步评价。

④当特长隧道埋深超过 500m 时，宜进行地应力测试，并对地应力与隧道建设的影响做出初步评价。

问题 A-16

详细地质勘察阶段的工作内容有哪些？

回答

(1)应在利用初勘成果的基础上采用以钻探为主物探为辅的方法进行综合勘探，对初勘时的地质成果作进一步补充、核对及细化，正确评价和预测隧道区的工程地质、水文地质条件及其发展趋势，提供设计、施工所需的定量指标，以及设计施工应注意的事项。

详勘的主要任务是对隧道所在区的地形、地貌(包括洞外接线)、工程地质特征及水文地质条件做出正确的评价；根据控制围岩稳定的诸因素分段确定隧道洞身的围岩级别，对初勘阶段所建议的地质疑问进行深入调查，对重大复杂地质问题应给出可靠的结论。加强对初勘工作成果的利用，避免重复。

(2)详细地质勘察阶段的物探工作，在考虑初步勘察工作量后应达到如下要求：

①应对初勘时未能查明的地质条件或沿隧道轴线方向有复杂地质问题的地段进行物探。一般条件下左右线隧道均应有轴向物探线覆盖。

②两端洞口及浅埋段应保证有 2～3 条横向物探线覆盖。

③当详勘隧道轴线与初勘隧道轴线相差超过 50m 时，应重新布置物

探线。

(3)详细地质勘察阶段的钻探工作,在考虑初步勘察工作量后应达到如下要求:

①钻孔布置原则:应尽量利用初勘钻孔,对初勘推测的构造破碎带、岩溶等不良地质体,应布置钻孔进行验证。

山岭隧道除地质条件极简单、岩性单一、无构造影响的长度小于100m的隧道外,一般对隧道洞身和洞口应布置钻孔。短隧道一般钻孔数量不得少于3个,中隧道一般钻孔数量不得少于5个,长隧道和特长隧道的勘探,应在初勘钻孔布置原则基础上适当加密钻孔。对于初勘阶段发现的地质疑问地段一般应布置钻孔。

当钻孔深度大于300m时,应结合地应力测试、压水试验、孔内物探等勘探内容对钻孔进行综合利用。进行深度大于500m的钻孔时应慎重。

②钻孔深度:同初勘。

(4)测试。

①进行相应的岩土物理、力学、水理、化学试验和水质分析试验。

②水文地质条件复杂的隧道,应做钻孔抽水、注水或井中测流试验,以对涌水量进行详细预测。

③不良地质条件下,应结合不良地质性质及组成做有关的特殊定量试验。

④关于有害气体,应对其含量、压力与性质进行详细测定及最终评价。

⑤应多利用钻孔并结合物探来补充测定岩土性质。

? 问题 A-17

隧道勘察在各阶段应提交哪些外业资料?

回答

在前期阶段、初步设计阶段、施工图设计阶段，隧道勘察应分别提交以下资料，见表A-9～表A-11。

前期阶段勘察 表A-9

序号	图表、资料名称	内容和要求	备注
1	勘察前的资料收集情况	(1)地形图(1∶50000及1∶10000)； (2)区域工程地质及水文地质资料； (3)气温、降水、蒸发、温度、积雪、冻结深度及风速、风向等气象资料； (4)交通量调查，重点调查交通量大小及汽油、柴油车组成情况； (5)区内已有公路、铁路等其他土建工程的工程地质问题及其防治措施等工程经验； (6)与隧道建设有关的法令、法规等	
2	隧道方案	(1)隧道一览表； (2)隧道平纵断面图； (3)隧道建筑限界及横断面图	
3	地质勘察	(1)隧道工程地质说明书； (2)隧道工程地质平面图(预可行性研究阶段1∶10000～1∶50000；工程可行性研究阶段1∶5000～1∶10000)； (3)隧道工程地质纵断面图(地层划分为组，比例1∶5000～1∶10000)； (4)航空照片地质解释资料及工程地质照片、野外素描图等其他有关技术图表	

初步设计阶段勘察 表A-10

序号	图表、资料名称	内容和要求	备注
一	总体材料		
1	勘察前的资料收集情况	根据工可阶段资料收集情况，核实完善，并对工程环境、通风、照明、供配电相关资料进行调查；补充收集国家控制点情况	
2	隧道工程	隧址及进出口地形、地质及水文条件；初拟断面及衬砌方案；拟采用的通风、照明、监控、消防、供电的初步方案；拟进行的隧道方案比选	

续上表

序号	图表、资料名称	内容和要求	备　注
二	隧道		
1	隧道一览表	包括隧道起终点、长度、形式等	
2	隧道地形图	满足隧道布设和设计的需要	
3	隧道纵断面图	提出初步方案,可与路线纵断面合并绘制	
4	隧道纵断面测量记录	原始记录	
5	隧道控制测量记录	包括平面及高程控制测量记录	可与路线合并进行
6	隧道断面方案图	初拟断面形式及衬砌方案	
7	隧道复查、自检资料及其他有关资料	复查自检原始记录;测绘的自检资料应附精度评价	
三	地质勘察	(1)隧道工程地质勘察报告文字说明; (2)隧道工程地质平面图:图上应标明物探、钻探、挖探、槽探等勘探点线位置,比例尺视情况而定,一般为1∶1000～1∶2000; (3)隧道线路方案工程地质平面图:比例尺为1∶2000～1∶5000; (4)隧道工程地质纵剖面图:图中应填绘各种勘探成果,水平比例尺为1∶500～1∶2000,垂直比例尺1∶50～1∶200; (5)隧道洞口工程地质横断面:比例尺视精度而定,一般为1∶200～1∶500; (6)隧道地区水文地质图:比例尺为1∶1000～1∶5000; (7)隧道区域构造图(仅限于特长隧道、地质构造复杂的隧道,比例尺视精度需要而定); (8)洞身地质横断面:穿过不良地质地段时,选择代表性地段绘制;比例尺水平为1∶200～1∶2000,垂直为1∶200～1∶500; (9)隧道辅助工程横、纵断面图(需要时做); (10)钻孔柱状图; (11)岩土、水质和各项试验资料汇总表; (12)遥感地质解释图表及说明;	

续上表

序号	图表、资料名称	内容和要求	备 注
三	地质勘察	(13)物理勘探资料、图表及说明； (14)原位测试资料、图表及说明； (15)各类分析、统计、试验资料及图表说明； (16)严重影响隧道的特殊地质、不良地质专项资料及说明； (17)岩芯和工程照片以及岩芯保存手续凭证； (18)其他有关资料及协议	

施工图设计阶段勘察 表 A-11

序号	图表、资料名称	内容和要求	备 注
一	总体材料		
1	隧道工程	隧道设置位置，进、出口优化情况；隧道地质条件，隧道方案优化情况	
二	隧道		
1	隧道一览表	包括隧道起终点、长度、形式等	
2	隧道地形图	隧道洞口位置前、后、左、右至少各宽 60～100m，并满足设置附属设施的需要	
3	隧道纵断面图	提出初步方案	
4	隧道纵断面测量记录	包括隧道洞顶路线及连接线放桩和中桩测量记录、洞顶横断面测量记录	
5	隧道控制测量记录	包括平面、高程及贯通控制测量记录	可与路线合并进行
6	隧道断面方案图	提出初步方案	
7	附属工程方案	初步拟定通风、照明、供电、通信、信号、标志等附属工程方案	
8	隧道初测资料利用情况，隧道复查和自检资料及其他有关资料	复查、自检资料应有精度评定情况，对勘测成果有明确评价	

续上表

序号	图表、资料名称	内容和要求	备　注
三	地质勘察	(1)隧道工程地质勘察报告文字说明;对地质条件极其复杂的隧道、通过特殊不良地质地区的隧道,也可单独编制分项说明书和绘制图表; (2)隧道地质平面图:图上应标明物探、钻探、挖探、槽探等勘探点线位置,比例尺视情况而定,一般为1:1000～1:2000; (3)隧道地质纵断面图:要求隧道每段填绘地层、地质构造、水文地质条件,注明围岩级别、弹性波速、BQ值等;比例尺水平为1:500～1:2000,垂直为1:50～1:200; (4)洞口地质纵断面图:当地质条件复杂时,比例尺为1:50～1:500; (5)洞口地质横断面图,比例尺为1:50～1:100; (6)洞身地质横断面图:工程地质、水文地质条件复杂时绘制,比例尺为1:50～1:500; (7)明洞地质横断面图:比例尺为1:50～1:100,视情况绘制; (8)隧道辅助工程横、纵断面图(需要时做); (9)钻孔柱状图; (10)岩土、水质和各项试验资料汇总表; (11)遥感地质解释图表及说明; (12)物理勘探资料、图表及说明; (13)原位测试资料、图表及说明; (14)各类分析、统计、试验资料及图表说明; (15)严重影响隧道的特殊地质、不良地质专项资料及说明; (16)岩芯和工程照片以及岩芯保存手续凭证; (17)其他有关资料及协议	

附录 B 隧道改建与扩建设计

? 问题 B-1

关于隧道改建与扩建设计，有哪些基本规定？

回答

(1)当隧道所处既有路线全线进行改扩建升级，或隧道本身由于技术标准不能满足运营要求时，应进行隧道改建、扩建或新建的综合比选，选择合理方案。

(2)改建项目应结合既有线(既有隧道)工程的技术条件和运营现状，综合分析现有设备利用条件、改建难易程度、改建施工对附近大型建筑物的影响、改建施工对运营的干扰等因素，合理拟定改扩建标准。原则上改扩建工程应按新建标准进行，以提高技术标准，改善运营条件。但若既有线技术条件复杂，按新建标准改建有困难，或有条件利用原有标准，减少改建工程量，节省投资，则在确定改建标准时，可不必强求与新建标准一致。为适应服务水平的要求，对于增建第二线隧道，在条件许可时，应遵守新的标准建造。

(3)本着经济节约的原则，对既有工程设备，在有条件利用时要尽量利用，对一些可随交通量增长而逐步改建或扩建的工程(如机电工程)，则可考虑分期建设，力求节省人力、物力、财力，反对任意扩大改扩建范围或提出过高的改扩建标准。

(4)隧道改扩建主要内容。

①土建工程改扩建:由于隧道净空断面不足,需要扩大断面尺寸,或隧道内线形技术标准偏低,需要局部改建等原因而进行的土建工程改扩建。包括增加行车道、扩大断面,局部线形调整,增加仰拱,增加通风防灾通道等。

②机电工程改扩建:由于隧道通风系统难以满足运营要求,需进行通风系统改造,或其他附属设施陈旧、老化,需更新改造等原因而进行的机电工程改扩建。包括通风系统的改扩建以及照明、消防、供电、监控等系统的改扩建工程。

(5)隧道通风、照明、消防、供电、监控等的改扩建工程应根据改扩建隧道的技术标准,在充分利用原有设备的基础上,结合隧道实际情况,进行分析设计。

(6)改扩建施工中对正常运营有影响的,应做好施工期间交通组织设计,维持运营不中断。选择施工方案时应以保证运营和施工安全为前提,尽量减少对运营的干扰。

? 问题 B-2

隧道改扩建设计需要收集哪些基本资料?

回答

隧道改扩建设计前必须对既有隧道的设计、施工及运营等情况进行详细的调查,针对改扩建的内容,确定调查项目和调查方法。所需调查及收集的主要资料包括下列方面:

1.工程地质及水文地质资料

(1)地质构造、岩性特征以及对围岩稳定性的评价。

(2)地下水的流量、流向、补给来源及其运动规律,地下水的水质、侵蚀类型及侵蚀指标,地下水与地表水的相互关系,运营后地下水径流条件的变化情况等。

(3)瓦斯及其他有害气体渗入隧道的部位、浓度,对运营及养护人员的危害程度。

(4)不良地质地段的隧道衬砌病害状况。

(5)在施工过程中围岩、山体、地表的稳定情况;塌方发生的原因及处理情况,运营后山体及地表变形状况。

2.衬砌结构的技术状况

(1)隧道衬砌结构类型、衬砌断面的几何尺寸,隧道修建年代、施工方法和衬砌结构的竣工图。

(2)隧道净空的测量资料及既有衬砌侵限情况。

(3)建筑材料及其抗腐蚀的性能,施工时混凝土试件的力学试验资料,既有衬砌圬工强度的检查资料(必要时分段取样试验)。

(4)回填及压浆情况。

(5)衬砌结构病害状况:

①衬砌裂缝、剥落、掉块、下沉或其他变形的发生、发展过程与现状。

②腐蚀的特征、部位、范围及深度,残存衬砌厚度及强度,以及整治情况。

③洞内渗漏水的部位、水量及其随季节变化的关系,衬砌防水措施及其效果,冻害及整治情况。

④隧道铺底的现状及对道床病害的影响。

3.隧道附属构筑物的技术状况

(1)隧道防排水系统的完好状态。

(2)通风、照明设备的布置及使用情况。

(3)监控设备的布置及使用情况。

(4)电缆槽位置形式、断面尺寸及使用情况。

(5)隧道内路面结构及状况。

(6)施工时设置的辅助坑道处理情况及现状。

4.洞口建筑物的技术状况

(1)洞门及挡(翼)墙形式、尺寸,基础埋深及建筑材料的情况,圬工体有无裂缝、腐蚀剥落、下沉或其他变形等病害。

(2)洞口仰坡路堑边坡及防护工程现状有无变形、开裂、冲刷、坍滑、危石或落石掉块、风化剥落及泥石流等不良现象。

(3)洞口、洞顶水沟以及跨越的渠道及蓄水建筑物的现状。

(4)当洞口附近洞顶有公路通过时,应调查其对既有隧道的不良影响,如公路路基的稳定性及排水系统对隧道洞口山体稳定的影响。

5.隧道地段路线技术状态及运营情况

(1)路线的里程、高程、坡度、曲线要素等技术标准。

(2)隧道路段交通量及交通组成状况、洞内通风排烟情况、洞内照明情况。

(3)隧道两端引线地段内各种建筑物的结构类型。

6.施工场地、材料和能源的供应情况

(1)两端洞口附近的地形情况,布置施工场地、修建运输便道的条件。

(2)各种施工工程材料、水源及电力供应情况。

7.历年病害整治及大修资料

? 问题 B-3

隧道改扩建中的围岩压力如何确定?

回答

(1)隧道改扩建时的围岩压力确定,不仅应调查围岩的工程地质与水文地质条件,而且还应调查原隧道施工方法、施工质量、整治的规模及其施工方法。

一些隧道改扩建的实践经验表明:在扰动过的围岩中施工,围岩压力会较原隧道施工时有所增大,邻接地段的衬砌所承受的围岩压力也会增加。

(2)对经过一定时间运营后,围岩无明显变异的隧道改建,可根据围岩的实际情况确定改建地段的围岩级别,参照新建隧道围岩压力的确定原则计算。

原隧道施工方法恰当,施工过程工序安排紧凑,支护质量好时,一般可认为前期施工对围岩扰动不大。

(3)对原隧道施工时发生过塌方的地段,可按以下情况分别对待:

①原塌方体高度小于规范推荐的围岩垂直均布压力所换算的土柱高度,而且施工中经过认真回填处理者,改建时围岩压力可仍参照新建隧道围岩级别及围岩压力的确定方法办理。

②原塌方体高度大于计算得出的围岩垂直匀布压力所换算的土柱高度,且原施工中未对塌方体认真处理者,可按塌方体高度计算;并应结合既有衬砌变形、裂损情况考虑荷载的不均匀分布。

③原隧道经过良好压浆,或在改建前采取压浆措施(包括各种化学灌浆加固),经现场检查确认对围岩有填充胶结作用者,可将围岩级别等级适当提高以计算围岩压力。若需扩挖围岩者,压浆的有效胶结范围应超出扩挖线1m以上。对压浆质量的现场检查,可采取开挖取样、贯入试验、钻孔压水试验及弹性波速度法等。

(4)隧道扩建为多线隧道时,应特别注意围岩的岩性特征和软弱结构面对扩建施工的影响,分析是否会发生显著的不对称围岩压力。

? 问题B-4

隧道土建工程改扩建方案如何确定和实施?

回答

隧道土建工程改扩建应充分利用收集到的现有隧道技术资料,并根据运输情况和要求、隧道现状,并结合地形、地质、线路条件等既有情况,来制订合理的土建工程改扩建方案。隧道土建工程改扩建一般包括原隧道内高度不够、隧道内宽度不够、隧道内高度和宽度均不够及外部改建等4种情况。

(1)对隧道内高度不够的改扩建方案,可根据情况采取以下几种处理措施:

①当隧道内轮廓仅高度不满足行车要求,而且其侵入限界的值只有衬砌断面厚度的一小部分时,若局部凿除衬砌不影响衬砌的安全,则可采用局部凿除的改扩建方案。

施工时可采用局部临时支顶,为防止防水层的破坏,在凿除前采用锚杆或压浆措施应谨慎考虑。凿除后应设置钢筋网或碳纤维加固,表面以水泥砂浆抹平。局部凿除改建工程量小,施工最简易。但若拱圈有受力性裂缝,则应进行慎重的研究分析;当危及安全稳定时,不宜采用此方案。

②若隧道净空高度与要求限界相差较多,可考虑将线路降坡,采取落底改扩建方案。

落底改扩建方案可充分利用原有衬砌,因隧道改建工程不扰动衬砌顶部,故比较安全、简易。但当洞外建筑物(如桥梁墩台)无法降低高程或降坡影响工程范围较大时,此方案则无法实施。

③若既有隧道顶部地层较坚实,衬砌也较完好,而洞外建筑物改建复杂,使降坡落底方案难于实施时,可采用挑顶方案进行改建。

挑顶改扩建方案一般顺序是,先拆除整个或部分旧拱圈,扩挖拱部,再修筑新拱圈。施工前须用钢拱支撑加固原衬砌。如围岩破碎,宜采用分段分块间隔施工,每段长2～4m。如挑顶高度较大,岩层松软,可采用预设小导管领先,再跳跃分段扩大拱部,并架立支撑,然后拆除旧拱圈,修筑新拱圈。

(2)对隧道内宽度不够的改扩建方案,可根据情况采取以下几种处理措施:

①当围岩较坚实，衬砌完好，凿除深度不大，凿除部分衬砌后不致影响整个衬砌的安全与稳定时，可采用局部凿除改扩建方案。

根据线路中线位置，可采用单侧凿除或双侧凿除，设置钢筋网或碳纤维加固，表面以水泥砂浆抹平。必要时，在凿除前可用锚杆或压浆加固，但应对防水层进行必要的处理。

②当改扩建隧道宽度相差较大，经调整线路中线，根据原隧道衬砌结构情况，使加宽工作在隧道的一侧进行时，可利用原隧道部分旧拱圈，仅拆除一侧边墙。

本方案一般应在压浆及钢拱支撑加固衬砌后，采用分段间隔（每段长2～3m）的方式进行施工。

(3)对隧道内高度、宽度均不够的改扩建方案，经调整线路中线，可利用原隧道一侧边墙，仅拆除原拱圈部分。

本方案施工时一般采用分段扩挖，每段长 2～4m。

(4)当改扩建方案在原有隧道衬砌的外部进行时，应根据不同地质情况，采用不同的施工方法。

①对土质及软弱破碎地层，宜采用由上而下扩挖的先拱后墙法。本方案扩挖前，须用钢拱支撑加固旧衬砌，直到新衬砌全部修筑完成后才能拆除旧衬砌。

②对于较坚固的岩层，宜采用由下而上扩挖的先墙后拱法。旧衬砌除用钢拱支撑加固外，在边墙部位扩挖时，应用横撑加固，以防边墙向外变形；同时待新衬砌全部修筑完成后，才能拆除旧衬砌。

问题 B-5

隧道通风系统改造应按什么原则进行？

回答

(1)在进行隧道通风改造设计时，应对隧道改扩建后的交通量、当地的气象及环境进行调查；同时还应对通风噪声、废气排放及竖(斜)井施工可能对周围环境和居民生活造成的影响进行初步评价。

(2)通风设计应充分考虑各通风方式的特点，并根据隧道长度、平曲线半径、纵坡、海拔高度、交通条件、气象条件、环境条件，经综合比较后，根据安全、经济和运营维护方便的原则进行选择。一般情况推荐采用纵向射流通风方式。

(3)受隧道改扩建后断面的影响，风机的选型应谨慎评估，其设置位置可选择加长洞口，设置为轴流风机(射流风机)集中送入式，或在隧道内局部加宽加高成风机壁龛。

问题 B-6

隧道照明系统改造应按什么原则进行？

回答

(1)照明设施改造应根据改扩建隧道的技术标准，结合现有规范要求，进行分析设计。

(2)在隧道照明设施改造中，应积极引入先进的设计理念和技术设备。根据可持续发展理念，在设计中应尽可能将无污染、绿色能源引入，积极探索太阳能采光照明新技术的研发和应用。

问题 B-7

隧道消防设施改造应按什么原则进行？

回答

隧道消防设施改造应按照“经济、安全”的原则，在充分利用原有设备的基础上，结合隧道的实际情况，进行严谨的计算和设计，从而建立完善的隧道防火设施。

完善的防火设施由报警设施、紧急警报设施、消防设施和其他设施四大部分组成。其中,其他设施包括排烟设施、避难设施、紧急停车带、导向设施、I. T. V、紧急照明设施和紧急电源设施等。各部分在隧道防火中既有明确分工,又有相互配合。

? 问题 B-8

隧道监控设施改造应按什么原则进行?

回答

隧道监控设施改造应根据改扩建隧道的技术标准,结合现有规范要求,进行分析设计。

(1)隧道内的交通监控主要包括交通监测设施、交通电视监控系统、交通信号控制系统、紧急警报装置等。

(2)在隧道内安装交通监测设施,其目的是为了掌握交通流的基本参数,掌握其变化规律,为运营管理提供依据。

(3)随着交通运输业的迅速发展,交通电视监控系统也得到了越来越广泛的应用。在长大隧道中采用交通电视监控系统,以便确保车辆安全通行和有利于交通管理人员同时了解多点交通情况,尤其是出现行车事故和发生火灾时隧道管理人员能及时发现并采取相应的有效措施,指派洞外救生车辆和人员进行灭火工作,疏散车辆,防止二次灾害,还可事后分析事故和对肇事者正确的处罚提供有效证据。

(4)隧道交通信号控制系统是整个道路交通信号控制的一部分,目的是为隧道区段沿线安全行车提供通行权。

(5)紧急警报装置是在发生火灾事故或交通事故时通知后续车辆或对向车辆停止运行,防止涌入隧道及引道内,避免或减轻再生性灾难,而给驾驶员提供视觉、听觉信号的装置,由警报显示牌、声信号装置及操作控制部分等组成。

附录 C 隧道病害整治设计

问题 C-1

何谓隧道病害？

回答

隧道病害指由于设计、施工、地质、自然灾害等各方面的原因，导致隧道衬砌产生开裂、渗漏水、冻害及基底翻浆冒泥等现象，降低服务水平，并可能威胁到安全运营，情况严重的使隧道失去使用价值。

问题 C-2

隧道病害整治的内容、一般规定、指导原则是什么？

回答

(1)隧道病害整治包括病害调查、评价和治理，通过分析病害状态，确定整治措施，消除病害隐患，恢复使用功能。

(2)病害整治应充分研究引发病害的原因和治理的方法，对于地质条件恶劣、病害严重、治理费用高昂的工程，应进行既有隧道病害整治与新建隧道(废弃原隧道)的方案比较。

病害整治施工中对正常运营有影响的，应做好施工期间交通组织设计，维持运营不中断。选择施工方案时，应以保证运营和施工安全为前提，尽量减少对运营的干扰。

(3)病害整治的指导原则："预防为主"、"早期发现"、"及时维护"和"对症下药"。

问题 C-3

公路隧道病害的表现形式有哪些？

回答

公路隧道病害大致分为衬砌裂损、衬砌渗漏水、隧道基底翻浆冒泥、隧道冻害、衬砌腐蚀、隧道震害等六类表现形式，见表 C-1。

公路隧道病害形式一览表 表 C-1

病害分类	表现形式及成因分析
衬砌裂损	(1)由于围岩压力本身存在许多不确定因素，导致设计的结构强度不够或与围岩压力不协调，造成衬砌结构开裂、破坏； (2)由于施工管理不当、衬砌厚度不足、混凝土强度不够等人为质量问题导致裂损病害； (3)由于发生火灾，造成衬砌结构开裂
衬砌渗漏水	公路隧道在施工期间和建成后，一直受地下水的影响，特别是建成后的隧道，更是处在地下水的包围之中。当水压较大，防水工程质量欠佳时，地下水便会通过一定的通道渗入或流入隧道内部，对行车安全以及衬砌结构的稳定构成威胁
隧道基底翻浆冒泥	隧道底板往往也是防水薄弱部位，隧道基底翻浆冒泥将极大地影响行车舒适和安全。其主要原因有以下三类： (1)隧道所处围岩地下水位较丰富，而底板及路面下未采取有效的防排水措施； (2)隧底施工时，浮渣未清理干净就浇筑仰拱或铺垫层，易造成隧底下沉、翻浆冒泥； (3)洞内水沟被堵，造成基底积水，可能使基底围岩软化，产生翻浆冒泥
隧道冻害	寒冷地区隧道受气候影响，衬砌开裂、漏水后往往产生严重的冻害，如洞顶挂冰、路面积水结冰。冻胀常引起衬砌开裂、酥碎、剥落，洞门墙开裂等，一般破坏原因有： (1)当水和衬砌混凝土受冻时，水的体积增大很多，使混凝土体膨胀而破坏； (2)水不断向冷却面渗透补充，冰冻后的毛细管增大，多次循环后防水层破坏； (3)冰冻产生的力，破坏了衬砌混凝土和嵌缝料，从而在冬季出现冰锥、涎冰等；当冰融化后出现混凝土松散脱皮和淋水

续上表

病害分类	表现形式及成因分析
衬砌腐蚀	当隧道衬砌背后为腐蚀性环境水时，水沿衬砌的毛细孔、工作缝、变形缝及其他空洞渗流到衬砌内侧，成为隧道渗流水，对衬砌混凝土和砌石、灰缝产生物理性或化学性的侵蚀作用，造成衬砌腐蚀
隧道震害	我国属于多地震国家，震害分布广、强度大、危害大。一旦发生地震，常常造成震区内的隧道洞门被滑坡埋没、洞门开裂变形、衬砌裂损和剥落。强地震往往造成隧道和围岩特殊与有缺陷地段的严重破坏

问题 C-4

如何进行隧道病害评价？

回答

(1)隧道病害宜按隧道结构健全度评价方法做出判定，以决定是否需要采取对策以及采取何种对策。

(2)隧道结构健全度指结构剩余寿命与结构基准寿命的比值。隧道结构剩余寿命指结构基准寿命减去因结构变异而损失的寿命，而结构损失寿命指结构物从建成时起到评定时，因各种变异而损失的寿命，即：

结构健全度＝结构剩余寿命/结构基准寿命

结构剩余寿命＝结构基准寿命－评定时的结构损失寿命

结构损失寿命＝f(结构变异及其程度，经历时间)

(3)隧道结构健全度评价方法主要按外力、材质劣化和渗漏水引起的变异三种情况考虑，依据措施紧急性的优先度可分为 3A、2A、A、B 四级。判定分级的因素见表 C-2。

(4)外力引起的变异判定基准可按表 C-3 确定。

①衬砌的变形、移动、下沉的发展，一般来说是逐渐变化的，在地震、滑坡、暴雨等条件下，发展是迅速的。在寒冷地区，因冻结力产生的变异是反复变动和发展的。此种变形、移动、下沉可用变形速度作为判定基

准,其大致基准见表C-4。

判定分级的因素 表C-2

判定分级	判定因素				对策的紧急性
	对通行者、通行车辆的影响	对结构物安全性的影响	对维修管理作业的影响	变异的程度	
3A	危险	重大	显著	重大	立即采取对策
2A	早晚有威胁,异常时会危险	早晚变成重大	大	发展中,功能降低	及早采取对策
A	将来危险	将来重大	中等程度	发展中,功能可能降低	重点监视
B	无影响	无影响	几乎无影响	轻微	监视

外力引起的变异判定基准 表C-3

判定分级	通常的变异、崩塌			突发性崩塌
	衬砌变形、移动、下沉	衬砌开裂	衬砌剥落、剥离	
3A	有变形、移动、下沉等,结构物功能显著降低	开裂大而密集,产生剪切开裂,有发展	拱上部开裂密集,有压溃、剥落的可能	拱部背后有空洞,衬砌有效厚度小,背后岩块有掉落的可能
2A	有变形、移动、下沉等,结构物功能可能降低	开裂大而密集,产生剪切开裂,有发展	边墙开裂密集,有压溃、剥落的可能	拱部背后有大空洞,背后岩块有掉落可能
A	有变形、移动、下沉等,但发展缓慢	有开裂,有发展	—	拱部侧面有空洞,因水的作用,空洞有扩大的可能
B	有变形、移动、下沉等,但已停止发展	有开裂,但无发展	—	—

变形隧道的判定基准 表C-4

地点	位置	变形速度(mm/年)				判定分级
		>10	3～10	1～3	<1	
衬砌	断面内	√				3A
洞门			√			2A
路面				√		A
路肩					√	A～B

注:1. 如果判定有加速的趋势时,应提高判定级别。
2. 因滑坡等产生衬砌移动的情况,应判定为2A～3A。
3. 在洞口或其他埋深浅(例如40m以下)的地段,应提高判定级别。

②衬砌的拱和墙间施工缝的错台或产生错台的开裂以及不均匀下沉时，是衬砌承载力降低的前兆，要充分注意。发展性开裂的判定基准和非发展性开裂的判定基准分别见表C-5和表C-6。

发展性开裂的判定基准 表C-5

地点	位置	开裂				判定分级
		宽度(mm)		长度(mm)		
		＞3	＜3	＞5	＜5	
衬砌洞门	断面内	√		√		3A～2A
		√			√	2A～A
			√	√		A
			√		√	A

不能确认有无发展性开裂的判定基准 表C-6

地点	位置	开裂						判定分级
		宽度(mm)			长度(mm)			
		＞5	3～5	＜3	＞10	5～10	＜5	
衬砌洞门	断面内	√			√			3A～2A
		√						2A～A
		√					√	2A～A
			√		√			2A
			√			√		2A～A
			√				√	A
				√	√	√	√	A～B

注：1. 表中的开裂是以水平方向或剪切开裂为主要对象。横断面方向的开裂，可按降一级进行判定。

2. 宽度0.3～0.5mm以上的开裂，密度超过200cm/m^{2}时，要提高一级进行判定或采用分级中较高的级别判定。

③错动、剥落的判定基准见表C-7。

④当衬砌拱部背后有30cm以上的空洞，有效衬砌厚度在30cm以下，背后岩块有掉落的可能时，或开裂宽度大而且密集或伴随错台的开裂等异常状态，应研究是否有突发性崩塌的可能。确认有此情况的场合，应

判定为3A～2A级。

错动、剥落的判定基准　　表C-7

地点	位置	错动、剥落		判定分级
		有无下落的可能		
		有	无	
衬砌洞门	拱部	√		3A
			√	B
	边墙	√		2A
			√	B

注:长度在10m以上,错台在5mm以上,应提高判定级别。

(5)材质劣化引起的变异判定。

①衬砌材质劣化的判定是从结构物承载能力的评价和确保行人及车辆的安全出发的。因此,把衬砌的强度降低和混凝土有无剥离作为判定因子;对钢筋混凝土衬砌,还应加上钢筋的腐蚀。材质劣化引起的变异判定基准见表C-8。

材质劣化引起的变异判定基准　　表C-8

判定分级	衬砌断面强度降低	衬砌压溃、剥落	钢材腐蚀
3A	因材料劣化,断面强度显著降低	拱部材料劣化,产生压溃,有掉落的可能	—
2A	因材料劣化,断面强度有一定程度的降低	边墙材质劣化,有掉落的可能,或已经掉落	因腐蚀,钢材断面减小,功能受到损伤
A	因材料劣化,断面强度降低,可能发展	—	腐蚀、生锈损伤结构物的功能
B	有材料劣化,但对断面强度无影响	无剥落、压溃	表面的或小面积的腐蚀

②断面强度降低、错动、剥落和钢材腐蚀变异的判定基准分别见表C-9和表C-10。

断面强度降低、错动、剥落变异的判定基准　　表 C-9

地点	主要原因	错动、剥落，有无落下的可能		劣化程度			判定分级
				有效厚度/设计厚度			
		有	无	＜1/2	1/2～2/3	＞2/3	
拱部	经年劣化、冻害；碱集料反应；设计施工不当等	√					3A
			√				B
				√			2A
					√		A
						√	B
边墙		√					2A
			√				B
				√			2A
					√		A
						√	B

注：1. 有效厚度是指在设计强度以上部分的混凝土厚度；设计基准强度不明的场合，取 15MPa 以上的部分。例如设计厚度为 50cm，实际厚度为 60cm，设计基准强度以下的部分是 20cm 时，有效厚度取 40cm。这样，劣化程度是 40/50，即 2/3 以上。

2. 有效厚度要确保 30cm，不足 30cm 的场合判定为 A～2A 级。

钢材腐蚀变异的判定基准　　表 C-10

地　点	主要原因	腐蚀程度	判　定
衬砌中的钢筋等	盐害、漏水、碳化等	钢材断面缺损显著，钢材的结构功能受损	2A
		浅的孔蚀，钢筋全周生锈	A
		表面或小面积腐蚀	B

(6)渗漏水引起的变异判定基准见表 C-11，具体表现见表 C-12。

渗漏水引起变异的判定基准　　表 C-11

判定分级	漏　水	结冰、土沙流出
3A	因衬砌开裂，漏水喷出，有损通行车辆的安全	在寒冷地区，因漏水产生结冰，侵入规定的限界，伴随涌水有土沙流出，路面可能陷没、下沉
2A	因衬砌开裂，漏水落下，有损通行车辆的安全	因排水不良，路面滞水

续上表

判定分级	漏　水	结冰、土沙流出
A	因衬砌开裂，漏水落下，一定时间后有损通行车辆的安全	因排水不良，路面可能滞水
B	因衬砌开裂，涌水浸出，但对通行车辆没有影响	有漏水，但当前几乎没有影响

不同衬砌部位渗漏水变异的判定基准　　表C-12

地点	主要现象	漏水程度				对车辆通行影响		判　定
		喷出	流下	滴水	湿润	有	无	
拱	漏水	√				√		3A
			√			√		2A
				√		√		A
							√	B
	结冰					√		2A
							√	B
墙	漏水	√				√		2A
			√			√		A
				√		√		A
							√	B
	结冰					√		2A
							√	B
路面	土沙流出					√		3A～2A
							√	B
	滞水					√		3A～2A
							√	B
	冻结					√		3A～2A
							√	B

问题 C-5

隧道病害成因调查包括哪些内容?

回答

(1)隧道病害成因的水文地质、工程地质调查内容包括以下方面:

①对隧址处的工程地质和水文地质进行调查,内容包括设计勘测资料、施工所遇地质情况以及竣工资料等,必要时还需进行补充钻探勘测。

②调查地下(地表)水的水质、水量以及水对围岩、结构等的影响;若衬砌出现腐蚀现象,应进行地下水的化验,必要时应在腐蚀地段进行钻孔,提取围岩裂隙水进行化验。

③调查围岩中是否夹有泥岩、千枚岩、泥质页岩、碳质页岩等膨胀性岩层及其他不良地质层。

④调查隧址处附近是否经过煤矿采空区,是否有煤矿开采区。

(2)隧道病害成因的施工情况调查内容包括以下方面:

①应调查基本的施工情况,如开挖方式(全断面、台阶法、分步开挖)、支护形式。

②调查锚杆数量和质量、注浆配比和注浆量、水泥生产厂家及质量、粗细集料检验报告、混凝土的配合比及其养护和强度、隧道监测资料等情况。

③对塌方(塌方规模、处理方式)及变更(原因、方案、处理方式)等情况进行重点调查,调查资料应以设计文件、施工记录及监理签认单为准,同时可以参考当时的各种会议纪要、通知及竣工文件。

(3)裂纹的分布和形态的调查对判断隧道病害的成因起着关键性的作用。裂纹调查项目应包括裂纹分布、宽度、深度及性质。根据调查结果,按一定比例绘制裂纹展示图。

①裂纹的宽度可用读数显微镜(一般其刻度为 0.02mm) 检测。

②深度可用声波仪检测(也可用比较直观的钻芯法)。

③裂纹性质分为张拉、受压、受剪三种。张拉裂纹为外宽内窄;受压裂纹为外窄内宽,裂纹附近有不规则的鱼鳞状;受剪裂纹用手触摸有错台情况。

④观察裂纹随时间的发展动态。

目前也可采取摄影方法进行裂纹调查,但此法只能显示裂纹的宏观表象,很难反映微观表象。

(4)对于渗漏水隧道,应调查渗漏水范围(里程)、部位、出水形式、水量、水压及水质,并绘制展示图(可以与裂纹展示图一并绘制)。

(5)对于隧道路面或基底,调查时应绘制路面或基底下沉、翻浆冒泥(出泥、出水点)的展示图,采取钻芯法查明基底的围岩性质,绘制钻芯柱状图,同时查明常年地下水位。

(6)对隧道施工质量的调查一般包括以下内容:

①衬砌厚度及背后空洞。检测方法分无损、有损或无损与有损相结合三类。目前较常用的无损检测主要是地质雷达,有损检测主要采取钻孔或开天窗。一般采用地质雷达进行普查过程中也需钻取一定数量芯样进行校验。

②衬砌强度。强度检测可以回弹法或超声回弹综合法进行普查,同时辅以钻芯试验进行修正,或直接用钻芯方法推定混凝土强度。

③衬砌完整性。目前判断衬砌混凝土强度完整性的常用方法是根据超声仪检测声波在衬砌中的传播速度与声波在相应等级混凝土中传播速度的标准值相比较。

④断面净空检测。断面净空检测常采用激光断面仪,对各测点与设计轮廓或行车限界进行比较,判断是否侵限。

问题 C-6

衬砌病害整治设计的原则是什么?

回答

(1)隧道病害整治设计要坚持"一次根治、不留后患"的治理原则。

(2)在设计中要充分掌握隧道衬砌、排水、路基构造,根据调查正确分析掌握病害产生的原因和健全度的分级对症下药。

(3)综合考虑隧道运营的安全性以及施工中的安全性、耐久性以及经济性等。

问题 C-7

衬砌裂损整治设计应采用什么措施?

回答

衬砌裂损整治设计应采用以稳固岩体与加固衬砌相结合的综合治理措施。

(1)稳固岩体一般可采取以下工程措施:

①地下水的活动和浸泡对隧道围岩的稳定性削弱很大,应通过疏干围岩含水,采取治水措施来稳固岩体。

②锚杆具有悬吊作用、组合梁作用、紧固作用及均匀压缩拱作用。对围岩级别较好的岩体,在隧道结构产生病害部位安设锚杆,可有效提高围岩的整体承载能力,将已产生裂纹的衬砌混凝土与已加固的围岩结合在一起,阻止衬砌结构的进一步破坏。该方法需破坏防水层,选用应慎重。

③通过向破碎松动的岩体压入水泥浆液或其他耐久性强的化学浆液,加固围岩,如图 C-1 所示。该方法对防水层也具有一定的破坏,注浆结束后,宜切割混凝土,进行防水层的补强。

④对靠山、沿河偏压隧道或滑坡地带,除治水稳固山体外,还可采用支挡措施,包括设支挡墙、锚固沉井、锚固钻(挖)孔桩等来预防山体失稳与滑坡。这种工程措施只能用于洞外整治。

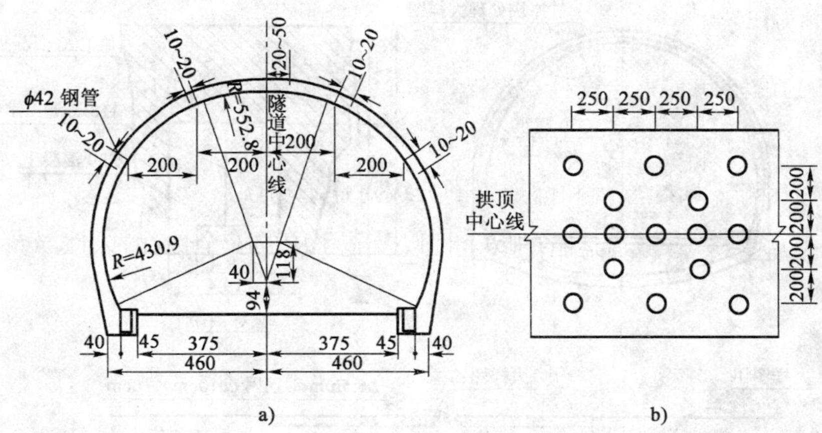

图 C-1 注浆加固衬砌背后岩体(尺寸单位:cm)
a)横断面;b)平面

⑤当二次衬砌与初期支护之间存在空洞时,应采用回填灌浆方式填充,钻孔深度及注浆压力应谨慎控制,以防破坏防水层。当隧底存在厚度不大的软弱不稳固的岩体或有不稳固的充填物时,可以采用换填办法处理。

(2)衬砌的加固与更换一般可采取以下工程措施。

①对于发展非常缓慢或者已呈稳定状态的裂损,可压环氧树脂浆加固,并选择无水季节施工。

②对已呈稳定状态暂时不发展的裂缝,如不能采取压浆加固时,可以采用嵌补方法加固,即将裂缝修凿剔深,在缝口处用水泥砂浆、环氧树脂砂浆或者环氧树脂混凝土进行嵌补。此法在衬砌厚度太薄或者衬砌严重碎裂时不能采用。

③控制弯曲开裂开口的进一步发展并防止衬砌内壁的混凝土的剥落,可采取衬砌内表面补强方案。一般可在隧道衬砌的内侧粘贴碳纤维、尼龙纤维、玻璃纤维或者钢板,以此来改善隧道衬砌受力,使衬砌可以承受内表面产生的拉应力。衬砌内表面嵌槽钢加固方案示例如图 C-2 所示。

④对于存在裂损的所有内鼓变形和向内移动的裂损部位,可采用锚索加固岩体措施。此时,锚索既可沿内缘张裂纹的走向两边布置,作局部

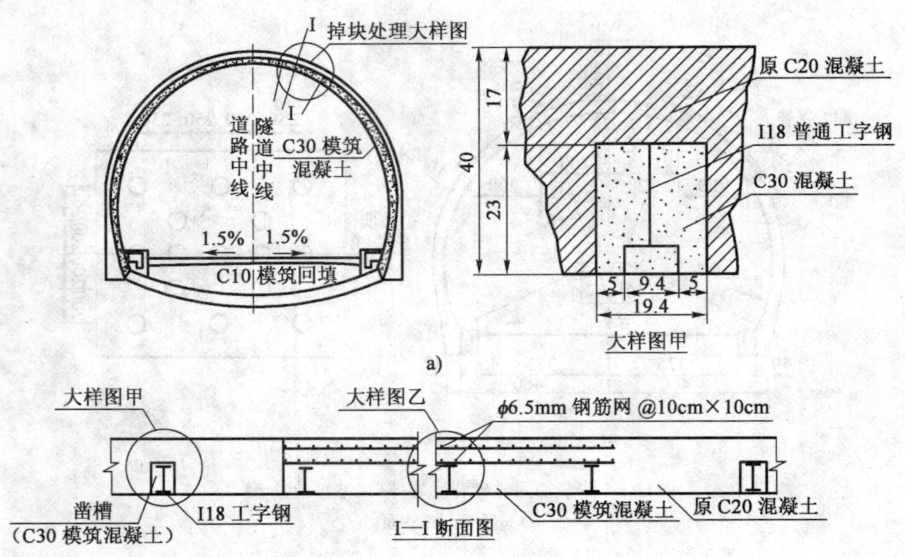

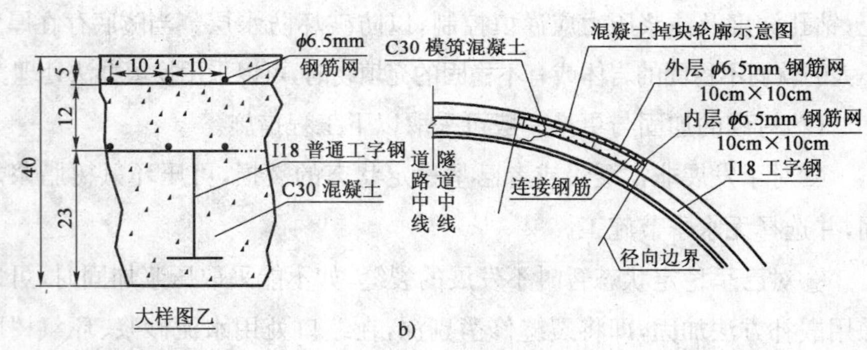

图 C-2　衬砌内表面嵌槽钢加固方案示例(尺寸单位:cm)

a)嵌钢拱架方案;b)掉块处处理方案

加固;也可进行全断面加固,并连同加固岩体一起考虑决定锚索的类型、直径、间距、深度和布置等。

⑤喷混凝土可使已裂损的衬砌紧密结合,同时在喷射压力作用下达到裂缝内一定深度,使裂缝重新闭合,增强了裂损衬砌的整体性,较大幅度提高衬砌的承载能力,达到加固的目的。也可在喷层中加入钢筋网以防止收缩皱纹,提高加固结构的整体性和抗震、抗冲切能力。

⑥为阻止既有衬砌进一步裂损变形，同时起到防水的作用，可在衬砌内表面再灌注一定厚度的混凝土套衬，与既有衬砌共同承担围岩压力。

套衬作为隧道衬砌补强时，厚度通常都比较小。若套衬采用钢筋混凝土结构，无法保证保护层厚度，所以一般采用纤维混凝土。设计套衬时应注意以下几点：

a. 套衬的底脚应设基础；

b. 采取措施使套衬和衬砌成为整体；

c. 套衬厚度在10cm以上时应与补强钢筋并用；

d. 有漏水和冻害的场合应该采取防止漏水或冻害的措施。

喷混凝土套衬方案示例如图C-3所示。

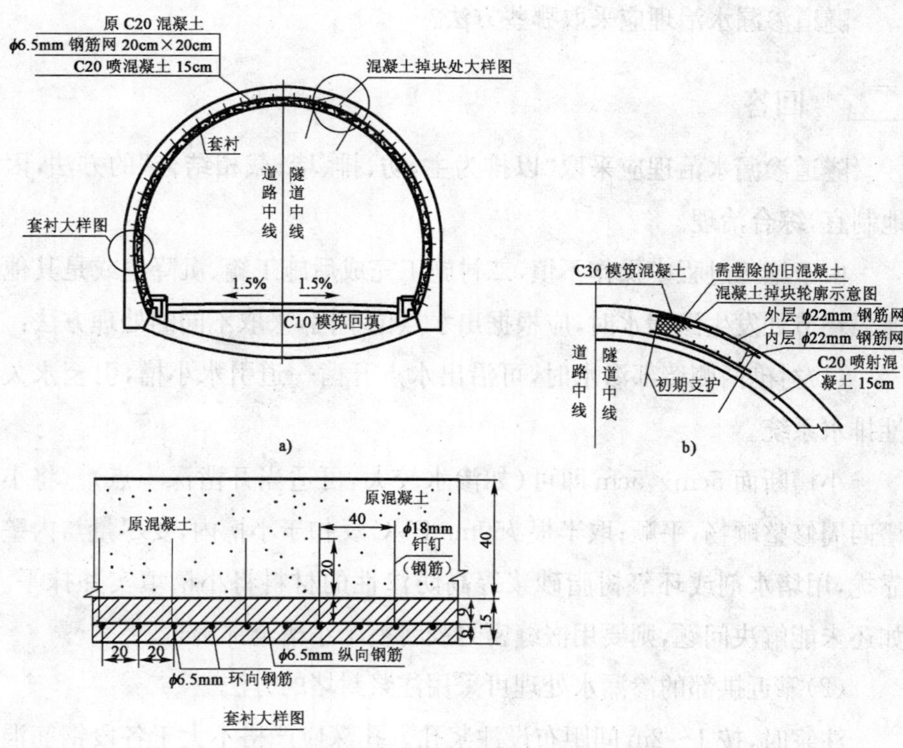

图C-3 喷混凝土套衬方案示例（尺寸单位：cm）

a）嵌钢拱架方案；b）掉块处处理方案

⑦隧道衬砌结构如果裂缝交错分布，密度较大，并伴有片块剥落、严重错台、侵入净空限界、使原衬砌失去使用功能，应考虑拆除旧的衬砌结构，重新施作新的衬砌。

结构抽换过程中，为保证施工和隧道结构安全，必须采取如下措施：

a. 架设钢架支撑，抑制结构变形发展；

b. 注浆加固围岩，并利用注浆管悬吊既有裂损衬砌；

c. 运用静态破碎及控制爆破技术拆除有裂损混凝土，并严格控制开挖进尺；

d. 及时进行初期支护并加强监控量测。

? 问题 C-8

隧道渗漏水治理应采取哪些方法？

回答

隧道渗漏水治理应采取“以排为主，防、排、堵、截相结合”的方法，因地制宜，综合治理。

由于施工过程中操作不慎，二衬施工完成后施工缝、沉降缝或是其他薄弱环节处发生渗漏水时，应根据出水点位不同，采取不同的处理方法：

(1)衬砌两侧墙部渗水时，可沿出水点开凿一道引水小槽，引至永久性排水系统。

小槽断面 5cm×5cm 即可(如渗水较大，可适当开凿深一点)。将小槽四周修整顺畅，平顺；取半根 ϕ50mmPVC 反扣于小槽内，要尽量与内壁靠拢，用堵水剂或环氧树脂砂浆等高防渗性的材料将小槽填实并抹平。如还未能解决问题，则要用嵌缝密封胶将整个小槽全部密封。

(2)靠近拱部的渗漏水处理可采用注浆封堵的方法。

注浆时，按 1～2m 间距布设注浆孔。孔深应严格不大于各段钢筋混凝土衬砌厚度，不能打透初期支护；孔径约为 42mm，埋设注浆管。如有少量渗漏水，可采用电锤打设一个小孔，用小型灌浆机注入堵水剂或环氧树脂砂浆等高防渗性的材料，注浆压力可控制在0.2～0.4MPa；若渗水量较大时，宜采用化学浆液注浆。

(3)施工缝、沉降缝的渗漏水处理可采用对缝内压注嵌缝材料的方法。

施工缝、沉降缝是隧道渗漏水常见的地段。通常可将渗水施工缝或沉降缝沿渗水点开凿1cm的小缝，充分清除石屑、粉尘和松动物，在小缝底部压入底衬泡沫条，起到导流的作用；然后用单组反应型聚氨酯嵌缝胶或双组分聚氨酯嵌缝胶等嵌缝材料用灌缝枪压入缝内至密实即可。

问题 C-9

隧道截水措施有哪些？

回答

隧道截水措施一般包括地表截水、地下截水两种方式。

(1)对地表流向隧道围岩的水，应采取地表截水措施。

①对洞顶的积水洼地，宜开沟疏导引流。

②对洞顶以上的水工隧道、水库、稻田、输水渠等，造成隧道漏水的，要作加强防渗处理。

③对施工及地质勘测留下的钻孔、坑道、洞穴，要做好排水和封填。

④对断层破碎带、陷穴、漏斗等，如有较大的径流进入，宜做截水沟或回填；若无明径流，但影响隧道漏水的，应采取封闭措施(换填、注浆等)。

(2)当隧道衬砌周围地下水有明显集中的来水通路，导致地下水流量很大时，可采取地下截水措施截断水源。

①泄水洞，一般设在来水侧，且最高水位低于正洞水沟底，纵坡不小于0.3%。设置泄水洞的围岩渗透系数不小于10m/d。

②对有平行导洞的长大隧道，可利用平行导洞和横洞，根据围岩的地

下水分布和地质条件，打截水钻孔。其位置伸入到正洞墙脚之上的围岩中，以减少向正洞衬砌周围汇集的水量。钻孔的集水利用平行导洞排出。

③对靠近隧道的暗河或充水的溶洞，可通过堵塞改变其流向。

④当隧道与岩层平行或者斜交时，通过流沙和易侵蚀失稳地层，或围岩裂隙发达，且透水性强时，可在隧道周围岩体内钻孔压浆形成防渗帷幕，使衬砌与地下水隔离。当为浅埋隧道时，可在地表施作防渗帷幕。通常采用的浆液有普通硅酸盐水泥(或特殊)单液浆、水泥—水玻璃双组分浆液及化学浆液等。

问题 C-10

对于隧道基底翻浆冒泥和底鼓，可采取哪些整治措施？

回答

可采取排除基底地下水、基底注浆加固、路基底部设计锚杆和增设仰拱等措施。

(1)治理基底渗漏水及翻浆冒泥最直接有效的方法是排除基底地下水。即加深洞内排水沟，铺设横向盲沟、盲管，将水引入排水沟中；对排水后存在的空隙，以注浆方式进行回填加固。一般采用强度高、耐久性好的浆液(如 TGRM 浆、HSC 浆等)。

(2)基底注浆加固一般采用梅花形布孔，深度一般深入初支底部，采用跳孔间隔注浆，以压力控制为主，并在实施过程中严密监测基底结构位移变化情况。

(3)底鼓一般发生在无仰拱段，可采用路基底部设计锚杆和增设仰拱的方法。在地压规模较大的隧道，即使有仰拱，在结构应力最集中的部位(仰拱和边墙脚部的结合处)也可能产生开裂，一般采用锚杆补强和增大仰拱厚度的方法来进行整治。

问题 C-11

对于严寒及寒冷地区的隧道冻害,可采取哪些防治措施?

回答

基本措施是综合治水、更换土壤、保温防冻、结构加强、防止融塌等,具体可根据实际情况综合运用,可参见《细则》第 14 章“特殊地质隧道设计”中多年冻土地区隧道设计的相关规定。

问题 C-12

对衬砌腐蚀,一般可采用哪些治理方法?

回答

一般可采用抹补、浇补、喷补、镶补等方法进行处理。

(1)抹补是指当总腐蚀深度小于 10cm 时,先在清好的基面上做抹面防水层,再在其上做防蚀层的方法。

(2)浇补则是当总腐蚀深度大于 10cm 时,立模浇注防水混凝土补强,再在其上做防蚀层的方法。

(3)喷补则是直接在清理后的基面上用喷浆层代替抹补层,用喷混凝土代替浇补层,再在喷层之上设防蚀层。

(4)镶补适用于腐蚀层总深度大于 25cm 的严重腐蚀部位,用耐腐蚀的块材将被腐蚀的断面砌筑镶补,使结构补强层与防蚀层合为一体;并以镶补层为模型,在镶补层与清理好的基面之间用防水混凝土灌填捣实,随砌随灌。

问题 C-13

对隧道衬砌震害,可采取哪些整治措施?

回答

(1)在有滑坡危险的不安全斜坡下,可使用锚杆加固或设挡土墙支挡斜坡,使滑坡稳定;同时增设抵抗偏压的加厚边墙混凝土,以抵抗滑坡产生的外加力。

(2)对表面有岩石滑下危险的洞口,可采取延长隧道的方法,重新衬砌,进行防护。

(3)对有泥石流危险的洞口,可绿化治理山坡,筑防沙堤。

(4)对有山体崩塌、流沙历史的区间以及随喷水而有流沙流出的区间,可采取山体注浆及排水措施。

(5)对衬砌和洞门墙后的空洞,可采取回填注浆措施。

(6)对由于地震造成的衬砌混凝土剥落和裂缝,一般采用无收缩砂浆修复断面,用锚杆和碳素纤维板修补;如果损坏情况比较严重,可参照衬砌裂损整治措施进行整治。